Les annuelles
en pots et au jardin

Conception graphique : Josée Amyotte

Données de catalogage avant publication (Canada)

Mondor, Albert
    Les annuelles en pots et au jardin

    1. Plantes annuelles.   2. Plantes annuelles - Québec (Province).
3. Plantes en pot   I. Titre.

SB422.M58 2000   635.9'312   C00-940187-3

DISTRIBUTEURS EXCLUSIFS :

• Pour le Canada
et les États-Unis :
MESSAGERIES ADP*
955, rue Amherst,
Montréal, Québec
H2L 3K4
Tél. : (514) 523-1182
Télécopieur : (514) 939-0406
* Filiale de Sogides ltée

• Pour la France et les autres pays :
INTER FORUM
Immeuble Paryseine, 3, Allée de la Seine
94854 Ivry Cedex
Tél. : 01 49 59 11 89/91
Télécopieur : 01 49 59 11 96
Commandes : Tél. : 02 38 32 71 00
               Télécopieur : 02 38 32 71 28

• Pour la Suisse :
DIFFUSION : HAVAS SERVICES SUISSE
Case postale 69 - 1701 Fribourg - Suisse
Tél. : (41-26) 460-80-60
Télécopieur : (41-26) 460-80-68
Internet : www.havas.ch
Email : office@havas.ch
DISTRIBUTION : OLF SA
Z.I. 3, Corminbœuf
Case postale 1061
CH-1701 FRIBOURG
Commandes : Tél. : (41-26) 467-53-33
          Télécopieur : (41-26) 467-54-66

• Pour la Belgique et
le Luxembourg :
PRESSES DE BELGIQUE S.A.
Boulevard de l'Europe 117
B-1301 Wavre
Tél. : (010) 42-03-20
Télécopieur : (010) 41-20-24

Pour en savoir davantage sur nos publications,
visitez notre site : **www.edhomme.com**
Autres sites à visiter : www.edjour.com • www.edtypo.com
www.edvlb.com • www.edhexagone.com • www.edutilis.com

L'Éditeur bénéficie du soutien de la Société de développement des entreprises culturelles du Québec pour son programme d'édition.
Nous remercions le Conseil des Arts du Canada de l'aide accordée à notre programme de publication.
Nous reconnaissons l'aide financière du gouvernement du Canada par l'entremise du Programme d'aide au développement de l'industrie de l'édition (PADIÉ) pour nos activités d'édition.

Dépôt légal : 1er trimestre 2000
Bibliothèque nationale du Québec

ISBN 2-7619-1531-3

ALBERT MONDOR

Les annuelles
en pots et au jardin

Guide pratique

JARDINER AVEC ALBERT MONDOR

LES ÉDITIONS DE L'HOMME

Remerciements

Ce livre n'aurait pu prendre sa forme actuelle sans le grand dévouement et l'amitié d'Hélène Vaillancourt. Je tiens à lui témoigner ma profonde reconnaissance.

Merci à Gilberte Drouin pour son aide grandement appréciée lors de la correction de ce livre.

Merci à Céline et Marie-Claude Thérien qui m'ont apporté une aide précieuse pour la confection, l'entretien et la photographie des arrangements en pots présentés dans cet ouvrage.

Merci à Pierre Lespérance et à Jacques Laurin, ainsi qu'à leur équipe, pour leur appui, leurs conseils et leur formidable travail.

Merci à Rock Demers, à Raynald Gagné et à toute l'équipe des Productions La Fête ; merci à Luc Doyon, à Louis Trépanier et à tous les gens de TQS, qui me donnent la chance de m'exprimer devant la caméra.

Merci à René Paquet, président de la Fédération des sociétés d'horticulture et d'écologie du Québec, pour sa précieuse collaboration.

Merci à Oppo, pour les magnifiques pots qui apparaissent dans ce document. Merci à Premier horticulture, pour les terreaux et les composts qui ont servi à la réalisation des plantations en contenants.

Merci à mes parents, à mes amis, ainsi qu'à tous ceux que la vie met sur ma route et qui m'apportent leur aide et leur soutien.

Je vous suis, à tous, très reconnaissant.

Albert Mondor

Lantana (*Lantana camara*) et verveine 'Temari Burgundy' (*Verbena* 'Temari Burgundy').

Encore des pétunias !

J e peux l'affirmer sans rougir, je suis littéralement fou des pétunias ! J'adore la plupart des annuelles et je considère leur présence au jardin comme pratiquement essentielle. Il n'en a pourtant pas toujours été ainsi. Il y a à peine quelques années, plusieurs annuelles me déplaisaient carrément. Vous en conviendrez sûrement, quelques espèces, tels certains tagètes, aussi appelés œillets d'Inde, ne sont pas particulièrement affriolantes. Pour bien des gens, ces fleurs sont à la source de préjugés défavorables qui les entraînent à considérer toutes les annuelles comme étant des fleurs de peu d'agrément. J'ai moi-même partagé ces convictions avant de reconnaître les qualités de ces fleurs saisonnières. De sorte que je peux affirmer aujourd'hui que beaucoup de variétés de tagètes sont fort jolies et qu'il existe une impressionnante quantité de plantes annuelles aux caractéristiques exceptionnelles, dépassant même parfois les qualités de certaines vivaces. Les annuelles sont des fleurs qui gagnent à être connues.

Une grande partie de celles que l'on propose sur le marché sont courtes et trapues. Ces plantes fleurissent très rapidement et sont habituellement en plein épanouissement lorsqu'elles arrivent dans les jardineries. Les pépiniéristes ont vite compris que la clientèle préfère acheter des annuelles bien fleuries. Malheureusement, comme elles s'intègrent très difficilement aux plates-bandes, ces annuelles basses doivent être plantées presque exclusivement en contenants ou utilisées en bordure des plantations. Toutefois, on retrouve maintenant des annuelles plus hautes et d'allure beaucoup plus élégante qui s'associent parfaitement à la plupart des vivaces et des arbustes.

Autre mauvais point qui joue contre les annuelles : elles sont souvent disposées avec peu de goût. Pour vous en convaincre, rappelez-vous les fameux îlots que l'on voyait dans les parcs ou aux abords des routes. Ils étaient remplis des éternelles impatientes et bordés

Héliotrope 'Fragrant Delight' (*Heliotropium* 'Fragrant Delight'), plumbago du Cap (*Plumbago auriculata*) et coléus 'Green'n Gold Queen' (*Solenostemon scutellarioides* 'Green'n Gold Queen').

Annuelle ?

Au sens strict du terme, les plantes annuelles sont des végétaux qui germent, poussent, fleurissent, produisent leurs semences et meurent au cours de la même saison de végétation. Cependant, certaines plantes vivaces tendres, qui fleurissent dès leur première année de croissance, telles que les pélargoniums (*Pelargonium*), appelés communément géraniums, sont traitées comme des annuelles. Ces vivaces sont trop frileuses pour passer l'hiver à l'extérieur sous notre climat, il est donc nécessaire de les rentrer à l'automne, pour qu'elles puissent survivre de nombreuses années.

des sempiternelles alysses à fleurs blanches. Mais il y a pire. Le manque d'imagination atteint son paroxysme lorsque des fleurs annuelles de toutes les couleurs se retrouvent dans un même aménagement parce qu'elles ont été plantées sans aucun discernement. Ces arrangements, d'allure peu naturelle, ne conviennent pas à la plupart des jardins résidentiels. Il y a assurément bien d'autres façons d'utiliser les annuelles. En fait, les plantations d'annuelles peuvent être réalisées selon les mêmes principes que ceux que l'on adopte pour créer des plates-bandes de vivaces. Heureusement, les compositions qui sont maintenant proposées dans certaines municipalités sont imaginatives et esthétiques : elles deviennent donc des sources d'inspiration fort intéressantes.

Étant donné que la plupart des annuelles fleurissent sur une très longue période, elles offrent un attrait plus constant que la majorité des vivaces qui ont une floraison habituellement assez courte. En revanche, les annuelles ont le désavantage d'avoir le même aspect durant toute la saison. De plus, groupées en trop grand nombre, elles confèrent une certaine monotonie au jardin. Afin de créer des aménagements dynamiques qui évoluent au fil de la saison, il est préférable de s'en tenir à des quantités d'annuelles plus modestes qu'on veillera à associer harmonieusement aux vivaces et aux autres végétaux qui composent les plantations.

Les annuelles sont fascinantes ; elles confèrent exotisme et luxuriance aux aménagements. Elles permettent également de colorer habilement certaines parties plus mornes d'un jardin. Avec la phénoménale diversité de formes et de couleurs disponibles sur le marché horticole, les possibilités sont infinies. L'imagination devient la seule limite à la beauté et à l'originalité. En outre, en plantant des annuelles, vous pouvez changer l'apparence de votre jardin . En effectuant un choix judicieux de plantes, il est en effet possible de transformer un aménagement d'une année à l'autre, lui conférant d'abord un aspect calme et reposant et, l'année suivante, une allure plus pimpante et plus dynamique.

Bref, vous l'aurez compris, je suis maintenant fou des annuelles ! J'espère donc que cet ouvrage vous transmettra un peu de ma folie et qu'il vous permettra d'apprécier la grande beauté et l'extrême souplesse de ces végétaux.

Nigelle de Damas 'Miss Jekyll'
(*Nigella damascena* 'Miss Jekyll'). ▶

Première partie

Annuelles en contenants

Le contenant idéal

Le marché horticole propose actuellement une impressionnante variété de pots, de jardinières et de paniers suspendus. Les formes, les grandeurs, les matériaux, les couleurs, les styles et, surtout, les prix, varient presque à l'infini. Bien sûr, vos goûts et votre budget doivent d'abord guider vos choix. Cependant, les matériaux et les couleurs des contenants choisis doivent s'harmoniser avec le style de votre aménagement.

Large et stable

Le contenant idéal doit avant tout être parfaitement stable. Il est de première importance qu'il reste bien en place même s'il est exposé à des vents violents. Les pots fabriqués en pierre naturelle ou reconstituée et en ciment ne posent généralement pas de problème, puisqu'ils sont très lourds. Quant aux contenants de plastique, ils sont beaucoup trop légers et risquent de verser facilement. Il est donc parfois nécessaire de les fixer solidement au sol ou de placer une pierre au fond avant d'y mettre le terreau. Il est également essentiel que le contenant soit le plus large possible pour offrir un maximum d'espace aux racines des plantes. Finalement, afin de prévenir un dessèchement rapide du terreau causé par une température trop élevée, choisissez des contenants de couleur claire.

Une foule de matériaux

Chaque matériau a ses inconvénients et ses qualités. Renseignez-vous d'abord sur la résistance au gel du contenant que vous achetez. Les contenants de matière plastique, de bois, de pierre et de ciment ne sont habituellement pas affectés par le gel et peuvent passer l'hiver à l'extérieur, à condition qu'ils soient vidés de leur terre, placés à l'envers et recouverts d'une toile de plastique bien étanche. En revanche, la majorité des pots de terre cuite non vernissée doivent impérativement passer l'hiver à l'intérieur de la maison ou dans tout autre bâtiment où la température ne descend pas sous le point de congélation.

Classique terre cuite

La terre cuite, qui est une terre riche en argile durcie par la chaleur, est depuis fort longtemps un matériau de prédilection pour la fabrication de pots. Poreuse, elle permet un bon apport d'oxygène aux racines et maintient une température plus constante. Cependant, comme la porosité de ce matériau fait en sorte que l'eau s'évapore rapidement, il est nécessaire d'arroser plus souvent. Les contenants de terre cuite s'harmonisent bien à la plupart des plantes. Ils vieillissent assez bien, quoique certains jardiniers jugent inesthétiques les traces blanches qui se forment parfois sur les parois. Ce phénomène est causé par le surplus de sels minéraux contenus dans l'engrais qui n'a pas été absorbé par les plantes. Il suffit habituellement de frotter le pot avec un peu de vinaigre pour qu'il reprenne sa teinte naturelle.

Un grand nombre de contenants en terre cuite offrent une faible résistance au gel et aux chocs. Évidemment, l'épaisseur des parois influe sur la solidité, mais c'est principalement la qualité du matériau et

Les pots de terre cuite s'harmonisent bien à la plupart des styles d'aménagements.

Milk-shake à la mousse

Il est possible d'accélérer le travail de la nature et de donner à vos pots de terre cuite ou de pierre une jolie patine. Il suffit de préparer un milk-shake à la mousse. Mélangez de la mousse verte et du yogourt nature; badigeonnez ensuite cette mixture sur les parois de vos contenants. Placez les récipients ainsi traités à l'extérieur dans un endroit ombragé et humide. Après quelques semaines, une mousse verte du plus bel effet apparaitra sur les parois.

l'intensité de sa cuisson qui donnent aux pots leur résistance et leur durabilité. Les contenants faits de terre argileuse cuite à basse température, entre 950 °C et 1050 °C, comme certaines poteries mexicaines par exemple, sont très poreux, assez friables et peu résistants aux intempéries. La terre cuite de couleur brun orangé, provenant d'Italie, est un peu plus résistante. Quant aux poteries de grès (une terre argileuse composée de silice), elles sont cuites à des températures pouvant atteindre 1300 °C, ce qui leur confère plus de solidité et moins de porosité. Ces récipients sont parfois vernissés avec un émail qui leur donne la possibilité de mieux résister aux intempéries et au gel. Toutefois, quelle que soit la qualité du matériau, je vous suggère de ne pas prendre de risque et de rentrer toutes vos poteries de terre cuite à l'intérieur durant l'hiver.

Bois naturel et rustique

Le bois est un matériau qui s'harmonise très bien avec la plupart des jardins et des résidences, même celles d'allure moderne. Toutefois, les jardinières et les bacs en bois doivent être traités, afin de bien résister aux intempéries et de ne pas pourrir au contact de la terre. Je vous propose donc d'appliquer un enduit à base de goudron sur les surfaces qui toucheront la terre. Pour les parois extérieures, une teinture translucide offre une protection idéale tout en rehaussant la beauté du bois. On peut aussi utiliser une teinture opaque ou de la peinture, mais, comme celles-ci ne pénètrent pas le bois, elles ont une moins grande durabilité. Elles s'écaillent habituellement après quelques années seulement. Si vous désirez conserver un récipient en bois pendant plusieurs années, vous pouvez placer à l'intérieur un contenant en plastique un peu plus petit.

Plastique peu coûteux

De tous les matériaux, le plastique est probablement le plus léger et le moins cher, mais la qualité des récipients fabriqués avec ce matériau varie énormément. Les pots aux parois minces se déforment sous la pression de la terre et leurs couleurs pâlissent rapidement sous les rayons du soleil. Pour obtenir un contenant solide et durable, il est donc essentiel d'y mettre le prix. Le plastique présente d'autres désavantages : il est souvent peu esthétique et s'harmonise assez difficilement aux aménagements à caractère champêtre. Cependant, il est maintenant possible de trouver sur le marché des pots de plastique dont les formes et les teintes imitent relativement bien certains autres matériaux, telles la terre cuite et la pierre.

Pierre millénaire

Certains vieux récipients sont sculptés directement dans la pierre. Ce sont des pièces rares et généralement très onéreuses. Vous pouvez tout de même vous offrir le

charme et la classe de tels contenants en optant pour la pierre reconstituée, qui est un mélange de ciment ou de résine avec des particules de quartz ou de marbre. Ces pots, très lourds, sont souvent des répliques de modèles anciens ornés de superbes motifs. Cependant, la plupart de ces contenants restent assez chers. En revanche, ils sont hyperrésistants aux intempéries, d'une

Les pots de grès vernissés confèrent beaucoup de chic aux arrangements.

La pierre reconstituée: très durable et classique.

Jardinières de grandes dimensions

Un des contenants les plus populaires est sans aucun doute la jardinière, qu'on appelle communément boîte à fleurs. C'est un récipient rectangulaire qu'on place habituellement sous les fenêtres ou qu'on accroche aux balustrades des balcons et des terrasses. Malheureusement, la plupart des jardinières vendues sur le marché sont très petites. En général, elles ont une largeur et une profondeur qui varient entre 15 cm et 20 cm (6 po et 8 po), ce qui ne permet guère d'y planter plus d'une rangée de fleurs. Une jardinière de plus grande dimension donne la possibilité de planter deux et même trois rangées d'annuelles. Cependant, il faut fouiller longtemps pour dénicher des boîtes de plus de 20 cm (8 po). Vu la rareté de tels contenants, il est quelquefois plus simple de les fabriquer soi-même ou de les faire construire sur mesure.

longévité presque sans limites, et ne demandent aucun entretien. Si vous désirez payer moins cher tout en obtenant une bonne qualité de contenant, choisissez plutôt des pots de ciment, qui résistent bien aux chocs et qui imitent relativement bien la pierre.

Métal original

Qu'ils soient de fonte, d'acier ou de cuivre, les contenants de métal sont extrêmement résistants. Ils sont assez chers, mais vous les conserverez pendant de nombreuses années. Avec le temps, leur surface s'oxyde et prend une teinte bleu-vert qui se marie à merveille avec les végétaux. Les récipients de métal apportent beaucoup de classe et de chic aux jardins.

Contenants de toutes sortes

Les diverses formes de contenants disponibles sur le marché sont identifiées de manière assez précise. Il est, à mon avis, important de bien connaître ces différentes présentations, afin de choisir les récipients qui conviennent le mieux à vos besoins et à vos goûts.

Plusieurs types de pots

Plusieurs sortes de pots sont disponibles. Il y a tout d'abord les bacs, généralement carrés ou rectangulaires et de grande dimension, qui conviennent particulièrement bien aux annuelles grimpantes ou très grandes, ainsi qu'aux arbustes. Les auges sont également de forme rectangulaire. Plus longues que larges, elles sont faites d'un ciment qui reproduit l'aspect de la pierre. On y cultive habituellement des plantes alpines, mais elles peuvent très bien accueillir des fleurs annuelles.

Déplacez vos pots sans vous éreinter

Afin de déplacer aisément les contenants trop lourds pour être soulevés, placez-les sur une toile solide, ce qui vous permettra de les tirer. Vous pouvez également transporter certains pots avec un diable ou une plaque de bois munie de roulettes. En dernier recours, penchez le pot sur le côté et faites-le rouler doucement sur sa base.

Quand ça craque

Ne jetez pas vos pots fêlés, même si les fêlures sont importantes. Ces contenants peuvent parfois durer encore plusieurs années si vous les solidifiez à l'aide d'un fil de fer ou de cuivre. De plus, en plantant des végétaux retombants sur leurs pourtours, vous réussirez à camoufler rapidement les ébréchures.

Finalement, les appliques, des pots qui peuvent être accrochés aux murs, aux balustrades ou à un treillis, ont l'apparence d'un pot coupé en deux, raison pour laquelle on les appelle parfois demi-pots. Comme elles contiennent peu de terreau, il est préférable d'y planter des annuelles à développement restreint et d'éviter de les placer à des endroits exposés au soleil ardent.

Paniers suspendus

Les paniers suspendus peuvent être accrochés aux plafonds, aux murs ainsi qu'à diverses structures qu'on retrouve dans les jardins, telles les pergolas et les tonnelles. Ces paniers sont habituellement faits de plastique ou de treillage de métal camouflé sous de la mousse de sphaigne ou de la fibre de noix de coco.

La jarre a une forme très caractéristique. C'est un pot plus haut que large, dont la base resserrée est plus ou moins stable. Pour éviter qu'une jarre tombe, enfouissez une partie de sa base dans le sol ou placez-la sur un support de métal conçu à cette fin. Les jarres qu'on trouve aujourd'hui dans le commerce sont des répliques des fameux contenants utilisés par les Grecs et les Romains pour conserver l'huile d'olive. Contrairement aux jarres, les vases possèdent un large orifice supérieur. Souvent montés sur pieds, ces pots ont habituellement un style très classique et sont ornés de motifs ou de petites sculptures.

Une jardinière en bois peinte d'une couleur qui contraste joliment avec celles des fleurs qu'elle contient.

Même sans plantes, certaines vieilles jarres peuvent constituer un élément fort décoratif.

Les paniers suspendus permettent de maximiser l'utilisation de l'espace dans les jardins exigus.

Récupération

Une façon intéressante et facile de personnaliser un jardin afin de lui donner une ambiance qui lui est propre est de vous servir de vieux récipients en guise de pots. Un panier d'osier, un vieux chaudron ou un arrosoir de métal sont quelques-uns des objets que vous pouvez recycler. Votre imagination et votre sens artistique sont les seules limites à tout ce qui peut être réalisé à partir de ces éléments.

La terre nourricière

La réussite de la culture de plantes en pots dépend avant tout de la qualité de la terre utilisée. En plus de servir de support, le terreau est la source première d'éléments nutritifs dont les végétaux ont besoin pour bien croître et se développer. Comme l'espace est plutôt restreint dans la plupart des contenants et que, bien souvent, le substrat s'épuise et sèche rapidement, vous devez utiliser un mélange terreux très riche, léger, aéré et qui retient adéquatement l'eau et les éléments nutritifs.

Le terreau idéal

Il y a sûrement autant de recettes de terreaux qu'il y a de jardiniers, et chacun d'entre eux vous assurera que son mélange est le meilleur qui soit. Cependant, à mon avis, il n'existe pas de terreau absolument parfait. Le modèle de pot utilisé, les besoins de chaque plante et l'ensoleillement sont quelques-uns des facteurs qui font varier la performance d'un terreau. En fait, après quelques années d'expérimentation, d'observation et de discussion, je peux affirmer que plusieurs types de mélanges terreux m'apparaissent adéquats. Toutefois, je crois qu'il est inutile de fabriquer un substrat différent pour chaque situation. L'utilisation d'une recette unique pour tous les contenants donne habituellement de bons résultats et évite bien des tracas.

Compost.

Un mélange populaire

Si vous êtes de ceux qui préfèrent préparer eux-mêmes leur terreau, je vous propose une recette très populaire qui peut sûrement vous inspirer. Ce mélange est composé de deux parties de terre à jardin brune légèrement sableuse, d'une partie de compost, d'une partie de tourbe de sphaigne, d'une partie de perlite et, finalement, d'une partie de vermiculite.

Dans ce mélange, la terre brune associée au compost forme la charpente, la structure du terreau. Le compost retient les éléments nutritifs et fournit aux plantes tous ceux dont elles ont besoin. Quant à la tourbe de sphaigne, elle assure principalement la rétention de l'eau. La vermiculite, constituée de minéraux lamellaires, ainsi que la perlite, qui est un sable expansé, permettent surtout d'alléger le terreau et d'éviter qu'il se compacte avec le temps.

Terre brune (loam).

Zinnia 'Profusion Orange'
(*Zinnia* 'Profusion Orange'). ▶

Perlite.

Vermiculite.

Malheureusement, la terre brune, aussi appelée loam, est rarement vendue en sacs dans les jardineries. Vous devrez probablement l'acheter en vrac après avoir fait quelques recherches. Vous pouvez ajouter à cette recette votre propre compost ou utiliser un compost commercial. Attention, ne mélangez jamais de fumier frais au terreau; en se décomposant, il brûlerait et détruirait les radicelles de vos plantes.

Ma recette

Afin de vous faciliter la tâche, vous pouvez également utiliser un terreau spécialement conçu pour la culture en contenants. Ces produits commerciaux, très légers, sont principalement constitués de tourbe de sphaigne. Prenez garde, certains de ces mélanges se compactent assez facilement, surtout s'ils sont utilisés dans de grands récipients. Il est donc parfois nécessaire d'y ajouter entre 15 et 20 p. 100 de perlite grossière. De plus, la plupart de ces substrats ne sont pas assez riches pour la culture de plantes voraces. Il est alors parfois essentiel de les additionner de compost.

Tous les végétaux que j'ai cultivés dans le cadre de la préparation de ce livre ont été plantés dans le même mélange. Le terreau que j'ai utilisé est composé de deux tiers de substrat spécialement conçu pour les contenants, en l'occurrence du Pro-mix 'BX', et

Tourbe de sphaigne.

Substrat spécialement conçu pour la culture en contenants.

d'un tiers de compost. Le Pro-mix 'BX' est un mélange professionnel plutôt difficile à trouver dans les jardineries. Cependant, son équivalent, le Pro-mix pour empotage et semis, se vend dans la plupart des commerces de détail. Évitez d'utiliser un compost contenant de la tourbe de sphaigne. Comme la plupart des substrats conçus pour la culture en pots sont très riches en sphaigne, il est préférable d'employer un compost constitué principalement de débris végétaux ou de fumier décomposés.

Pas de terre de votre jardin

Évitez d'utiliser la terre de votre propre jardin pour fabriquer votre terreau. Si vous habitez dans les basses terres longeant le Saint-Laurent, il est fort probable que votre sol soit argileux et trop dense pour la culture en pots. De plus, la terre d'extérieur contient habituellement des semences d'herbes indésirables.

Arrosez moins souvent

On trouve maintenant sur le marché des terreaux auxquels ont été ajoutées de petites masses gélatineuses constituées d'un polymère appelé polyacrylamide. Ce polymère possède la capacité d'absorber l'eau et de la redistribuer sur de très longues périodes. Les fabricants prétendent que cette substance peut augmenter la capacité de rétention d'eau de certains sols de 300 à 800 p. 100! Les terreaux qui contiennent ces polymères retiennent mieux l'eau, ce qui diminue la fréquence des arrosages. Ils sont donc très utiles pour la culture de plantes exigeantes, à la croissance rapide, exposées à un ensoleillement et à une chaleur intenses. Toutefois, plusieurs études ont été faites sur ces polymères ; les chercheurs ne s'entendent pas tous sur l'impact de ces substances sur la croissance et le développement des plantes. Certaines études démontrent une augmentation de croissance, d'autres non. Sur le marché horticole canadien, ces polymères se vendent assez rarement seuls, il est plus fréquent qu'ils soient déjà incorporés à des terreaux commerciaux. Si vous utilisez un tel terreau, humectez-le bien avant de le verser dans un contenant. Il est préférable d'en mettre seulement au fond du contenant, pour couvrir environ un tiers de sa hauteur, et de remplir les deux tiers restants avec un terreau ordinaire.

L'art de planter

Il est particulièrement agréable de planter des annuelles dans des pots. Cependant, la réussite est conditionnelle à une bonne planification. En faisant un croquis de chacun de vos arrangements, vous prendrez le temps de bien associer les végétaux. En dressant la liste des plantes dont vous avez besoin, vous pourrez en outre vérifier leur disponibilité chez vos fournisseurs avant de vous y rendre.

Un excellent choix

Tout d'abord, achetez vos fleurs quelques jours seulement avant le moment de la plantation pour éviter qu'elles dépérissent. Ne choisissez pas les plantes annuelles les plus fleuries, mais plutôt celles qui sont courtes, trapues et dénuées de fleurs ; leur reprise sera meilleure après la plantation. De plus, ne vous fiez pas uniquement aux étiquettes pour bien identifier les plantes que vous sélectionnez. Pour être certain d'acheter le cultivar que vous désirez vraiment, assurez-vous plutôt que votre caissette contienne au moins une fleur éclose. Si vous n'arrivez pas à trouver les espèces ou les cultivars qui vous intéressent, commandez-les tôt à l'automne chez un pépiniériste qui se fera un plaisir de les propager pour vous.

Le meilleur moment

La période idéale pour procéder à la plantation de la plupart des plantes annuelles correspond au moment où le risque de gel est pratiquement nul chez vous. Dans la grande région de Montréal, ce moment survient habituellement vers le 15 mai. Dans la région de Québec, il est parfois nécessaire d'attendre jusqu'à la fin de mai pour commencer les plantations en pots. Dans les régions plus nordiques, il est préférable d'effectuer la plantation des annuelles vers le début de juin.

Si vous êtes comme moi au printemps, très impatient, vous plantez vos premières annuelles plusieurs jours avant la période idéale. Heureusement, beaucoup de jeunes plantes peuvent relativement bien résister à des températures de 1 ou 2 °C sous le point de congélation. Cependant, ne paniquez pas si on annonce un risque de gel plus important ! Plusieurs solutions s'offrent à vous pour éviter de perdre vos plantes. D'abord, vous pouvez rentrer vos pots dans un bâtiment où la température ne descend pas sous le point de congélation. Par ailleurs, si vous possédez une grande quantité de plantes en pots, il sera plus simple de les couvrir d'une tente de plastique ou de les arroser durant une bonne partie de la nuit. L'eau déposée sur les plantes agit

Bien qu'il soit normal d'être attiré par les végétaux les plus fleuris, il est préférable de choisir des annuelles dénuées de fleurs, mais qui portent une grande quantité de bourgeons. Évitez également les plantes étiolées ; achetez plutôt celles qui sont courtes et trapues (caissette de gauche).

comme un isolant et absorbe le froid, laissant intacts les tissus des fleurs et des feuilles.

Pas de cailloux

Ne disposez pas de cailloux au fond de vos contenants ; ils occuperaient l'espace du terreau dont les plantes ont tant besoin. Percez-y plutôt quelques trous afin que le surplus d'eau s'écoule facilement. Il faut au

moins un trou de 1,3 cm (½ po) de diamètre tous les 30 cm (12 po). Afin de favoriser un meilleur écoulement de l'eau et d'éviter que le terreau bloque le trou de drainage, vous avez tout intérêt à le recouvrir d'une petite pierre plate, d'un filtre à café ou d'un morceau de géotextile.

Lorsque vous percez un pot de terre cuite, prenez certaines précautions pour ne pas le casser. Le fond doit reposer sur une surface molle comme une épaisse couche de papier journal ou une plaque de polystyrène. Le perçage s'effectue à l'aide d'une perceuse électrique et d'une mèche spécialement conçue pour le béton. Versez un peu d'eau à l'endroit où vous percez afin d'éviter un excès de chaleur.

Une plantation en règle

Avant la plantation, il est primordial de bien arroser la terre de tous les végétaux que vous vous apprêtez à mettre en terre. Si le terreau est particulièrement sec, vous pouvez faire tremper les caissettes et les godets dans un bac contenant un peu d'eau. Si possible, plantez par temps nuageux, sinon installez-vous à l'ombre. À la rigueur, une plantation faite dans un court laps de temps peut être exécutée en plein soleil.

Certaines annuelles qui tolèrent bien le froid, comme une vaste gamme de cultivars de mufliers (*Antirrhinum*), de soucis (*Calendula officinalis*) et de pensées (*Viola*), peuvent être plantées bien avant que les risques de gel soient définitivement écartés.

Il est très important de prévenir l'obstruction du trou de drainage des contenants en le recouvrant d'un tesson de pot ou de tout autre objet assez plat.

Tous les contenants doivent avoir un trou de drainage; s'il n'y en a pas, percez-en un.

Malgré toute la fébrilité qui vous habite et votre désir de tout faire en même temps, soyez méticuleux: une plantation soignée est un gage de réussite. Après avoir couvert le trou de drainage, vous devez remplir votre pot aux deux tiers avec du terreau bien humide. Il est préférable de commencer par disposer les végétaux érigés qui occupent le centre du contenant et de terminer par la plantation du pourtour. Dans le cas d'une boîte à fleurs, commencez par la partie arrière et terminez par les plantes retombantes à l'avant. Tassez le terreau avec le bout de vos doigts autour de chacun des plants, sans trop le compacter. Chaque plante doit être disposée de façon que son collet (endroit où la tige se joint aux racines) arrive au même niveau que la surface du terreau lorsque le pot sera rempli. En d'autres termes, le dessus de la motte de terre de chaque plante doit être à la même hauteur que le niveau du terreau lorsque vous aurez terminé la plantation.

Une distance adéquate

Pour que les plantes puissent bien croître et fleurir abondamment, il faut laisser un peu d'espace entre chacune d'elles. Les annuelles plantées trop serré se dégarnissent, s'étiolent et prennent rapidement un aspect inesthétique, au point où il faut parfois procéder à une seconde plantation au milieu de l'été. Ce n'est donc pas parce qu'il y a 12 ou 15 plantes dans une caissette qu'il faut absolument les planter toutes dans un même contenant. Il est préférable d'en utiliser moins et de

Des caissettes qui restent en place

Voici un vieux truc que m'a enseigné un ami italien, excellent jardinier. Pour éviter que vos caissettes soient emportées par le vent, il suffit de les enfiler sur une cordelette ou sur un fil de fer.

Sortie en douce

Voici un truc pour extirper facilement les fleurs de leur caissette.

1. On place les pouces sur les trous qui servent à l'égouttement et on presse fermement.

2. La motte de terre sort d'un seul bloc ; pas besoin de découper la caissette. Cette technique fonctionne à merveille, à condition que les plantes soient bien enracinées.

3. Il est très important de couper la motte avec un couteau tranchant pour séparer les plants les uns des autres. C'est la méthode qui blesse le moins les racines et qui assure la meilleure reprise.

disposer les plants restants dans vos plates-bandes; ils constitueront une banque de végétaux qui serviront à remplacer ceux des contenants qui, parfois, meurent ou ne donnent pas les résultats escomptés.

Les distances de plantation à respecter sont indiquées sur la plupart des étiquettes identifiant les annuelles. Toutefois, comme les végétaux en contenants restent habituellement plus petits que ceux cultivés en pleine terre, je vous suggère de planter plus serré que ce qui est prescrit sur les étiquettes. De façon générale, il est souhaitable de planter les annuelles en pots à la moitié de la distance suggérée. Ne soyez pas inquiet si vos calculs manquent de précision, car la plupart des annuelles cultivées en pots s'accommodent relativement bien d'une distance de plantation oscillant entre 10 cm et 20 cm (4 po et 8 po). Seuls les végétaux très voraces et qui prennent beaucoup d'ampleur doivent être plantés à la distance prescrite, qui est habituellement égale ou supérieure à 30 cm (12 po).

Plantation d'un pot étape par étape

1. Mélangez le terreau dans une brouette ou dans un grand récipient. Assurez-vous de bien l'humidifier.

2. Couvrez le trou de drainage.

3. Remplissez le pot aux deux tiers avec du terreau. Tassez légèrement le substrat sur les côtés.

4. En dépotant les plantes, si vous voyez que leurs racines sont trop abondantes et tournent autour de la motte, taillez-les à quelques endroits avec un sécateur bien aiguisé. Cette opération favorise la formation de nouvelles racines saines et bien disposées.

5. Chaque plante doit être placée de façon que son collet soit situé au même niveau que la surface du terreau lorsque le pot sera rempli. Le collet se situe exactement où la tige se joint aux racines. Tassez la terre, sans trop la compacter, autour de chacun des plants. Afin que l'eau d'arrosage ne déborde pas, laissez un espace d'environ 2,5 cm (1 po) entre le niveau final du terreau et le rebord du contenant. Arrosez légèrement. Parfois, lors de l'arrosage, des creux se forment dans la terre. Pour égaliser la surface, il suffit alors de rajouter un peu de terreau.

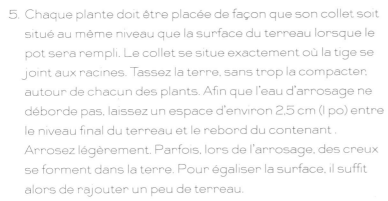

6. Finalement, taillez les plantes étiolées, même si elles portent des fleurs, afin qu'elles deviennent plus denses et qu'elles fleurissent davantage. Taillez les tiges en biseau, à quelques millimètres au-dessus d'une feuille ou d'un bourgeon.

Plantation en suspension

2. Tapissez l'intérieur du panier avec de la mousse de sphaigne bien humide. Commencez par disposer la mousse sur le rebord, faites ensuite le fond et terminez par les côtés.

1. Placez le panier sur un pot afin de le stabiliser et de mieux effectuer la plantation. Détachez les chaines.

3. Placez une feuille de plastique trouée dans le fond du panier qui remonte à mi-hauteur sur les côtés.

4. Préparez les plantes retombantes que vous voulez mettre à la base du panier. Pour les introduire facilement à travers les mailles, je vous suggère de les envelopper dans une feuille de plastique.

5. Fendez le plastique à l'aide de ciseaux et insérez les plantes de l'intérieur vers l'extérieur.

6. Ajoutez du terreau humide jusqu'aux deux tiers du panier et plantez les végétaux qui restent en plaçant au centre ceux qui sont érigés et sur les côtés ceux au port retombant. Ajoutez progressivement de la terre.

Des soins soutenus

Dans l'échelle de difficulté de l'entretien des végétaux, les plantes en pots occupent le plus haut degré. Cela ne veut pas dire pour autant que les soins qu'elles requièrent soient particulièrement compliqués. Les annuelles et les autres plantes cultivées en contenants sont simplement plus exigeantes que les végétaux qui poussent en pleine terre ; elles demandent une attention constante. Comme le volume de terre dont elles disposent est assez restreint, il est tout à fait normal qu'elles nécessitent plus d'eau et d'éléments nutritifs.

À boire !

L'eau est un élément vital pour tous les végétaux. Elle constitue près de 90 p. 100 de leur poids et sert au transport des éléments nutritifs essentiels à leur croissance et à leur développement. En raison de la forte évaporation d'eau, les végétaux en contenants qui sont placés en plein soleil doivent être arrosés pratiquement tous les matins durant les chauds mois de juillet et d'août. En dehors de cette période, arrosez seulement lorsque les 2 cm supérieurs de terreau sont secs. Au printemps et vers la fin de l'été, la plupart des contenants doivent être arrosés deux ou trois fois par semaine seulement. Toutefois, la meilleure façon de savoir si le terreau a besoin d'eau est encore d'y plonger le doigt jusqu'à la première phalange. Si vous sentez que la terre est humide ou même fraîche au bout du doigt, il est préférable d'attendre un ou deux jours avant d'arroser. En revanche, si le terreau vous semble sec, l'arrosage peut être effectué immédiatement.

La meilleure façon d'arroser est de le faire à la main avec, idéalement, un arrosoir sans pomme ou encore un boyau. Bien que cette méthode exige plus de temps, en arrosant chaque pot individuellement, vous pouvez donner la dose d'eau adéquate et arroser le terreau sans toucher les feuilles, ce qui diminue les risques d'apparition de maladies. Évitez, autant que possible, d'utiliser de l'eau trop froide. Une eau plutôt tiède, provenant du robinet ou de la pluie, est convenable pour la plupart des plantes. Arrosez le matin afin que l'eau soit disponible au moment où les plantes en ont le plus besoin : lorsqu'elles font beaucoup de photosynthèse en après-midi.

Mélampodium
'Showstar'
(*Melampodium*
'Showstar').

La quantité d'eau à donner est fonction de la dimension du pot. Un petit pot demande une quantité d'eau moindre, mais un arrosage plus fréquent. De façon générale, un pot d'un diamètre de 25 cm (10 po) nécessite 2 litres d'eau, un pot de 40 cm (16 po) demande 3 litres, alors qu'il faut fournir jusqu'à 5 litres d'eau à des végétaux plantés dans un pot de 50 cm (20 po) de diamètre. Dans tous les cas, cessez d'arroser lorsque l'eau sort par les trous de drainage.

Une vaporisation bénéfique

Durant les mois de juillet et d'août, surtout en période de canicule, l'air ambiant peut parfois devenir trop sec pour les plantes. Il est donc utile de vaporiser leur feuillage avec de l'eau tiède. Les gouttelettes d'eau qui se déposent sur les feuilles aident à diminuer la température des plantes et empêchent le dessèchement. Assurez-vous de ne jamais arroser le feuillage des plantes en plein soleil, car cela risque de causer des brûlures ou de provoquer un choc thermique. Il est préférable d'asperger les végétaux en toute fin de journée, quelques heures avant le coucher du soleil. Évitez de vaporiser de l'eau sur les plantes aux feuilles duveteuses, telles que les divers cultivars d'immortelles à feuillage argenté (*Helichrysum petiolare*), ainsi que sur les annuelles sensibles aux maladies fongiques, comme certains cultivars de rudbeckias hérissés (*Rudbeckia hirta*) et de zinnias élégants (*Zinnia elegans*).

Les plantes solides peuvent être arrosées avec une lance ou un pistolet réglés en jet fin, alors que les plantes plus fragiles doivent plutôt être aspergées d'eau à l'aide d'un vaporisateur à gâchette.

Un arrosoir à long bec, utilisé sans pomme, permet de fournir l'eau aux végétaux avec plus de précision.

L'arroseur qui n'est pas arrosé

Une lance d'arrosage constitue un outil idéal pour atteindre les paniers suspendus hors de portée et leur fournir de l'eau. Toutefois, si vous n'avez pas de lance, vous pouvez aussi bien arroser vos suspensions en utilisant un simple pistolet à jet réglable. Ces méthodes simples vous éviteront de faire des acrobaties et de vous faire éclabousser.

Faites tremper vos plantes

Les terreaux composés de grandes quantités de tourbe de sphaigne, comme celui que j'utilise, sont difficiles à réhumidifier lorsqu'ils sont secs. Autrement dit, ils absorbent peu d'eau, et l'excédent s'écoule rapidement au fond du contenant. Habituellement, ce phénomène se produit plusieurs semaines après la plantation, mais il arrive parfois qu'un arrangement fraîchement planté se dessèche plus rapidement que les autres parce qu'il a reçu au départ un arrosage insuffisant. Il est donc quelquefois essentiel de faire tremper vos contenants dans un bac rempli d'eau afin de bien humidifier la totalité du terreau.

L'arrosage automatique

L'arrosage quotidien peut rapidement devenir une corvée. Bien que, à mon avis, l'arrosage manuel constitue la meilleure méthode, l'installation d'un système d'irrigation automatique comporte tout de même certains avantages. Un tel système devient presque indispensable si vous possédez une très grande quantité de pots ou si vous avez des contenants qui sont hors de portée, comme des paniers suspendus ou des boîtes à fleurs placées au deuxième étage de votre résidence.

Le système d'irrigation qui convient le mieux à la plupart des plantations en pots est sans aucun doute le goutte-à-goutte. Ce sont des goutteurs de très petite dimension, à peine quelques centimètres de longueur, qui alimentent les plantes en eau. Ces goutteurs, qui peuvent fournir de 2 litres à 9 litres (½ gallon à 2 gallons) d'eau à l'heure, sont raccordés à un tuyau de faible diamètre, très facile à dissimuler. Un système goutte-à-goutte fonctionne sur un débit d'eau très réduit. Il est donc important qu'une centrale de réduction de pression soit fixée directement à la sortie d'eau provenant de votre résidence. Cependant, je vous recommande de ne pas ouvrir le robinet au complet de façon à diminuer la pression de l'eau avant même son arrivée à la centrale de réduction. N'oubliez pas de joindre un filtre et un dispositif antirefoulement à votre centrale de réduction de pression.

Bien que certains modèles de minuterie coûtent assez cher, cet accessoire est indispensable pour les gens qui manquent toujours de temps pour arroser leurs pots. La minuterie qu'on visse directement au robinet permet de programmer le moment et la durée des arrosages.

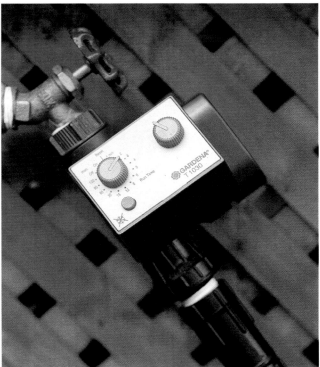

On trouve également des micro-asperseurs qui répartissent l'eau en fines gouttelettes. On peut les utiliser en complément aux goutteurs; ils aspergent d'eau le feuillage des plantes, ce qui permet de les rafraîchir en période de canicule.

Les goutteurs fournissent l'eau en très petite quantité.

Goutte-à-goutte, étape par étape

1. L'installation d'un système d'irrigation goutte-à-goutte est relativement simple. Avant tout, faites un plan afin de déterminer la longueur de tuyau, le nombre de goutteurs et la quincaillerie dont vous avez besoin. Vous pouvez acheter un kit d'installation qui comprend habituellement tout ce qui est nécessaire à l'irrigation d'une petite quantité de contenants. Toutefois, si votre système est plus complexe, vous devrez acheter certaines pièces séparément.

2. Fixez votre minuterie et la centrale de réduction de pression d'eau directement au nez du robinet de la sortie d'eau extérieure de votre résidence. Joignez-y également un filtre et un système antirefoulement. N'oubliez pas de bien entourer le filetage de chaque pièce d'une bande de téflon pour prévenir les fuites d'eau.

3. Ajustez ensuite la longueur des tuyaux en fonction de tous les contenants que vous devez irriguer. Dissimulez la tuyauterie le mieux possible.

4. Fixez les goutteurs au tuyau. Choisissez-les d'après les dimensions de vos contenants. Un petit pot, d'environ 25 cm (10 po) de diamètre, nécessite un goutteur qui fournit 2 litres (½ gallon) d'eau à l'heure, alors qu'un pot beaucoup plus gros, qui possède un diamètre de 50 cm (20 po) par exemple, a besoin d'un goutteur qui lui donne 4,5 litres (1 gallon) d'eau à l'heure. En terminant, placez des bouchons à l'extrémité de chaque ligne.

5. Une fois l'installation complétée, faites fonctionner votre système afin de vérifier si tous les goutteurs sont bien réglés et s'il y a des fuites. Pour fournir la dose d'eau optimale, chaque arrosage devra avoir une durée d'environ une heure, à la condition que vous ayez fait le bon choix de goutteurs. Toutefois, ce n'est bien souvent qu'après quelques arrosages qu'on peut évaluer la durée nécessaire de façon précise.

Capucine 'Strawberries and Cream' (*Tropaeolum* 'Strawberries and Cream'). ▶

À manger !

La quantité de terreau étant très petite dans un contenant, les éléments nutritifs qui s'y trouvent sont rapidement puisés par les plantes, s'ils n'ont pas déjà été lessivés par les arrosages fréquents. Pour qu'elles connaissent une bonne croissance et qu'elles fleurissent abondamment, les fleurs annuelles plantées dans des contenants ont donc besoin d'un apport d'engrais très régulier.

Si vous utilisez un terreau composé de compost, attendez trois à quatre semaines avant de commencer la fertilisation. Je vous suggère de fertiliser vos plantes en contenants avec un engrais riche en phosphore et en potassium. On mélange habituellement un engrais soluble de formulation 15-30-15 à l'eau d'arrosage. J'ai également fait l'essai d'un fertilisant plus riche en potassium, dont la formule est 15-15-30, et j'ai obtenu beaucoup de succès avec certaines annuelles vigoureuses au port retombant, comme les pétunias faisant partie de la série Surfinia. Mais n'appliquez pas seulement un engrais riche en phosphore et en potassium : il est préférable d'alterner régulièrement avec un fertilisant de formulation 20-20-20.

Personnellement, je fertilise mes plantes en contenants en employant la technique Victoria. Le nom de cette méthode fait allusion aux magnifiques arrangements de plantes annuelles de cette ville de Colombie-Britannique. Plutôt que de fertiliser les plantes tous les 10 ou 15 jours, cette pratique consiste à fournir de l'engrais aux végétaux à chaque arrosage. Cependant, au lieu de la pleine dose, on fournit seulement le tiers de la quantité de fertilisant recommandée par le fabricant, ce qui correspond généralement à 1 ml par litre d'eau (1 c. à thé par gallon). Dans la plupart des régions de l'est du Canada, il n'y a aucun inconvénient à utiliser cette technique. Toutefois, dans certains endroits où l'été est particulièrement chaud et sec, comme c'est le cas dans la grande région de Montréal, je vous suggère de diminuer les apports d'engrais durant une certaine période. En juillet et au début d'août, je continue de fertiliser à chaque arrosage, mais je diminue la dose d'engrais à environ 0,5 ml par litre d'eau (½ c. à thé par gallon). Cela évite de brûler les racines lorsque le terreau s'assèche trop rapidement. N'oubliez pas d'alterner les types de fertilisants : on doit faire un arrosage avec un engrais de formulation 15-30-15 et le suivant avec un fertilisant équilibré dont la formule est 20-20-20.

Que signifient les formules des engrais ?

La composition des fertilisants est toujours indiquée sur l'emballage. Par exemple, un engrais de formulation 18-24-16 est constitué de 18 p. 100 d'azote (toujours identifié par la lettre N), de 24 p. 100 de phosphore (identifié par la lettre P, mais sous forme de P_2O_5), de 16 p. 100 de potassium (identifié par la lettre K, mais sous forme de K_2O) et de 42 p. 100 d'autres éléments, tels le carbone, l'hydrogène et l'oxygène. Généralement, les engrais riches en azote, dont le premier chiffre est le plus élevé, sont utilisés pour les plantes cultivées pour leur feuillage. Les fertilisants riches en phosphore, dont le deuxième chiffre est le plus élevé, conviennent aux plantes cultivées pour leurs fleurs et leurs fruits, et améliorent l'enracinement des jeunes végétaux. Finalement, les engrais riches en potassium, dont le troisième chiffre est le plus élevé, sont surtout employés pour améliorer la résistance des plantes au froid et à la sécheresse. Le potassium influence également la qualité des fleurs et des fruits.

Un petit remontant

Vers la fin de juillet et en août, après plusieurs journées de chaleur intense, certaines plantes annuelles en contenants peuvent être dégarnies et moins fleuries. Il peut être alors très bénéfique de leur donner un petit remontant constitué d'algues liquides.

Ce produit exceptionnel fournit aux plantes un peu d'azote et de phosphore, de grandes quantités de potassium, plusieurs oligo-éléments, des acides aminés, des enzymes, des antibiotiques et même des hormones de croissance ! Mélangez 2,5 ml (½ c. à thé) d'algues liquides à 1 litre d'eau et vaporisez, une ou deux fois, cette solution sur le terreau et directement sur le feuillage, tôt le matin ou par temps couvert. Ce fertilisant a un effet très bénéfique sur les végétaux en pots qui montrent des signes de fatigue et leur donne habituellement un petit coup de fouet leur permettant de refleurir abondamment jusqu'aux premières gelées. Les sels d'Epsom, composés principalement de magnésium et de soufre, ont un effet assez semblable à celui des algues. Ils peuvent être mélangés à l'eau d'arrosage et apportés aux annuelles qui présentent une croissance et une floraison défaillantes. Faites une ou deux applications à raison de 5 ml (1 c. à thé) par litre d'eau.

Tailler est essentiel

Le sécateur est indispensable à tout jardinier. Parce que la taille est une pratique essentielle à l'obtention de végétaux sains, vigoureux et florifères, vous aurez grand besoin de cet

outil. En plus d'éliminer les parties mortes ou malades, de rajeunir les plantes fatiguées et de contenir certains végétaux envahissants, la taille favorise l'apparition de ramifications, ce qui stimule énormément la floraison. Il y a donc toujours quelque chose à couper dans un jardin en pots !

Déjà, au moment de la plantation, vous devez utiliser votre sécateur. N'ayez pas peur de rabattre sévèrement certaines annuelles fraîchement plantées, même si elles arborent quelques fleurs. Si vous enlevez près de la moitié du feuillage de la plupart des cultivars de bidents (*Bidens ferulifolia*), de pélargoniums-lierres (*Pelargonium*

Une bonne taille effectuée immédiatement après la plantation permet à plusieurs plantes de former davantage de ramifications. Leur floraison est habituellement beaucoup plus abondante par la suite.

peltatum), de pétunias retombants (*Petunia*), de scaévolas (*Scaevola aemula*) et de verveines retombantes (*Verbena*), ils présenteront par la suite une pousse plus dense et plus fournie et fleuriront davantage.

Pour certaines autres annuelles plus trapues et moins vigoureuses, le pincement, exécuté tout de suite après la plantation, peut remplacer une taille importante et aura le même effet bénéfique sur la croissance et la floraison. Cette pratique simple consiste à éliminer l'extrémité de toutes les nouvelles pousses d'une plante. On l'effectue sans sécateur, en saisissant la partie terminale des tiges entre le pouce et l'index et en la coupant avec les ongles juste au-dessus d'une feuille. En utilisant cette même technique plus tard au milieu de l'été, vous pouvez carrément éliminer la floraison de certaines annuelles cultivées pour leur feuillage, telles plusieurs espèces et variétés de plectranthes (*Plectranthus*) ainsi que divers cultivars de basilic (*Ocimum basilicum*) et de coléus (*Solenostemon scutellarioides*).

Vous pouvez aussi tailler sévèrement certaines plantes lorsqu'elles présentent des signes de fatigue vers la fin de juillet et en août. Les annuelles peu florifères, dégarnies et inesthétiques peuvent être rabattues de moitié pour stimuler la repousse de ramifications plus vigoureuses et, par la suite, la production de nouvelles fleurs. Combinée à un apport d'algues liquides ou de sels d'Epsom, une taille des annuelles défraîchies peut parfois donner des résultats impressionnants.

Tournesol mexicain (*Tithonia rotundifolia*).

Quand rien ne va plus

Si vous avez tout essayé pour améliorer l'état d'une plante et qu'elle ne vous donne pas satisfaction, remplacez-la tout simplement par une autre. Vous pouvez lui substituer une plante que vous gardiez en réserve dans une de vos plates-bandes. En septembre, plutôt que de vider tous vos pots, conservez les annuelles qui sont en bon état et remplacez celles qui sont complètement défraîchies et inesthétiques par des plantes automnales qui donneront de la couleur à votre jardin jusqu'à la tombée de la neige. Plusieurs végétaux, comme les choux ornementaux (*Brassica oleracea*), les chrysanthèmes (*Chrysanthemum* x *morifolium*) et les pensées (*Viola*), sont particulièrement attrayants à cette époque, et on les trouve dans la plupart des jardineries.

LE JARDINIER RENSEIGNÉ

Ne coupez pas n'importe où !

Lorsque vous coupez une tige, il est très important de la tailler à un angle d'environ 30°, juste au-dessus d'un appel-sève. L'appel-sève est une pousse (bourgeon, feuille ou tige) qu'on garde à l'extrémité de la tige rabattue et qui, comme son nom l'indique, assure une bonne circulation de la sève autour de la plaie, favorisant une cicatrisation rapide.

Lorsque les fleurs sont fanées

Toutes les fois que vous faites un arrosage, en plus de couper les tiges mortes, brisées, malades ou infestées d'insectes, éliminez également les fleurs fanées de la plupart des annuelles. Cette opération est essentielle à l'obtention d'une floraison continuelle et abondante. Si vous ne prenez pas la peine d'enlever les fleurs fanées, elles formeront des fruits et cela réduira inévitablement la durée et l'abondance de la floraison. En enlevant régulièrement les fleurs fanées, vous forcez la plante à former d'autres fleurs jusqu'à ce qu'elle puisse produire des semences qui assureront sa reproduction.

La façon la plus simple d'éliminer les fleurs fanées consiste à saisir la fleur entre le pouce et l'index et à la couper avec les ongles. N'oubliez pas de prélever également l'ovaire, qui est une partie renflée parfois située à la base du calice, comme c'est le cas chez les pétunias (*Petunia*) et les nicotines (*Nicotiana*).

Les fleurs fanées des pélargoniums (*Pelargonium*) doivent être cassées directement à leur point d'attache sur la tige principale.

Pour d'autres plantes aux tiges plus robustes, comme les marguerites arbustives (*Argyranthemum frutescens*), il est préférable de tailler les fleurs fanées à l'aide d'un sécateur. La coupe se fait toujours en biseau à quelques millimètres au-dessus de la première feuille qui se trouve sous la fleur.

Des compositions réussies

À une échelle réduite, l'association de plantes dans un pot pose des problèmes très semblables à ceux qu'on rencontre lors de l'aménagement d'une plate-bande. La réalisation d'arrangements originaux et harmonieux est habituellement fonction d'un mariage judicieux des textures, des formes et, surtout, des couleurs des végétaux. Mais, bien qu'une foule de facteurs influencent directement la réussite des plantations en contenants, c'est avant tout l'esprit créatif de chaque jardinier qui est à l'origine de réalisations d'une beauté exceptionnelle.

Les couleurs agissent sur nos émotions et sur notre perception des choses; elles singularisent chaque arrangement et donnent en quelque sorte une personnalité à un jardin en pots.

Des végétaux parfaitement adaptés

Le choix des plantes est un élément d'une importance capitale dans le succès de la culture en contenants. Des végétaux aux exigences culturales similaires sont plus faciles à entretenir dans un même récipient. Une plante qui n'est pas adaptée à son environnement montre généralement une croissance et un développement déficients, qui la rendent plus vulnérable aux insectes et aux maladies. Les végétaux en pots offrent l'avantage d'être faciles à déplacer, ce qui permet de leur donner l'ensoleillement qui leur convient le mieux. Cependant, certains jardins et les balcons, où l'espace est souvent très restreint, ne permettent pas ce genre de déplacements et nous forcent parfois à travailler dans des conditions particulières. Par exemple, si vous jardinez sur un balcon situé au quinzième étage d'un édifice, vous devez absolument tenir compte du vent lors du choix de vos plantes d'extérieur. Dans ce genre de situation, il est préférable d'utiliser des plantes résistantes qui ont déjà fait leurs preuves, comme plusieurs cultivars de pélargoniums-lierres (*Pelargonium peltatum*) et de pétunias (*Petunia*). Par ailleurs, si vous devez fleurir une terrasse qui fait face au nord, il est préférable de planter des végétaux bien adaptés aux endroits humides et ombragés, comme la plupart des cultivars d'impatientes (*Impatiens*).

Il est toujours possible de créer des conditions plus hospitalières sur votre balcon pour y cultiver une plus vaste gamme de végétaux. Les treillages, ombrières et systèmes de brumisation sont autant d'outils qui vous permettront de modifier les caractéristiques d'un site. Toutefois, rappelez-vous que l'investissement de temps, d'énergie et d'argent nécessaire à ces améliorations peut devenir rapidement démesuré par rapport aux résultats recherchés.

Il est préférable de travailler avec peu de couleurs différentes lors de l'élaboration d'un arrangement en pots. La composition est ainsi beaucoup plus unie.

La couleur

La couleur est assurément l'élément qui a le plus d'impact dans une composition végétale. Un balcon rempli de fleurs blanches, roses et bleues dégage une impression de fraîcheur et de légèreté. Si ces couleurs sont assez pâles, l'espace disponible peut même sembler plus grand qu'il ne l'est en réalité. Au contraire, un arrangement de pots plantés uniquement de fleurs rouges apporte beaucoup de chaleur et donne un vif sentiment d'excitation. Il est plutôt difficile de rester assis longtemps dans un tel endroit.

L'appréciation des diverses couleurs est évidemment une affaire très personnelle. Toutefois, je suis convaincu qu'un choix restreint de couleurs est la clé du succès, surtout pour l'aménagement d'espaces exigus, comme les balcons et les petites terrasses. Dans plusieurs plantations d'annuelles en pots, on retrouve malheureusement trop de couleurs différentes, ce qui, à mon avis, constitue une erreur. Ce genre d'aménagement manque d'harmonie et s'intègre difficilement au reste du jardin et à la maison. Il est beaucoup plus simple d'associer deux ou trois couleurs seulement ; il est même préférable de n'utiliser la troisième que pour mettre les deux autres en valeur. C'est en combinant des fleurs dont le niveau de saturation de la couleur diffère qu'il est possible de créer des arrangements fantaisistes et dynamiques.

Oubliez les idées et les associations habituelles, fiez-vous plutôt à vos goûts et combinez des plantes qui vous semblent en harmonie. Soyez imaginatif et, surtout, n'ayez pas peur de chercher l'inspiration nécessaire dans certains livres et magazines. Plusieurs éléments peuvent servir de point de départ à vos créations. D'abord, la couleur du contenant a toujours une certaine influence sur le choix des végétaux qu'il contiendra. Imaginez le vibrant effet d'une composition de plantes aux fleurs jaunes et orange disposées dans un pot de grès bleu vernissé. L'endroit où est installé le pot peut également agir sur le choix des couleurs. Sur un fond vert, comme une haie de thuyas par exemple, des fleurs rouges ou orange ressortiront davantage que des fleurs violettes. Un pot placé près d'une plate-bande doit idéalement contenir des végétaux dont les couleurs s'harmonisent avec celles des plantes environnantes.

Utiles feuillages

Dans vos plantations en contenants, ne négligez pas l'utilisation de végétaux au feuillage attrayant. Ils permettent de structurer certains arrangements en pots. Grâce à leur forme et à l'aspect de leur feuillage, un fuchsia arbustif, comme le cultivar 'Gartenmeister Bonstedt' (*Fuchsia* 'Gartenmeister Bonstedt'), ou une graminée, telle que le pennisetum (*Pennisetum setaceum*), constituent une charpente autour de laquelle

En utilisant diverses teintes de la même couleur, il est possible de créer des arrangements très dynamiques empreints d'une belle harmonie. Cette suspension est simplement composée d'*Impatiens* 'Tempo Peach Butterfly', de *Begonia* 'Charisma Orange' et d'*Ipomoea batatas* 'Blackie', dont le feuillage pourpre donne une touche mystérieuse.

Une association de feuillages qui ne manque pas d'éclat. Cet arrangement étonnant est composé de *Solenostemon scutellarioides* 'Wizard Velvet', de *Centradenia* 'Cascade', d'*Asparagus densiflorus* 'Sprengeri', de *Plectranthus madagascariensis* 'Variegated Mintleaf', d'*Helichrysum petiolare* 'Limelight', de *Lamium maculatum* 'White Nancy' ainsi que de *Pelargonium* 'Silverleaf Flower of Spring'.

peuvent ensuite être disposées les plantes à fleurs. Placées devant quelques feuillages, les fleurs des annuelles sont tout de suite mises en valeur et produisent un effet plus intense.

En plus d'intensifier les couleurs des fleurs et de servir de lien dans les associations végétales, les feuillages peuvent aussi constituer un élément très décoratif dans les compositions en contenants. Les nombreux cultivars de coléus (*Solenostemon scutellarioides*), par exemple, dont les feuilles possèdent des formes, des textures et des couleurs tout à fait surprenantes, sont aussi ornementaux que bien des fleurs annuelles. Les plantes cultivées pour leur feuillage permettent également d'apporter un certain

dynamisme dans les contenants en dehors des périodes de floraison intense. Pensez aux divers cultivars de choux ornementaux (*Brassica oleracea*) qui restent attrayants bien après que la plupart des plantes à fleurs sont fanées.

Plantes et pots assortis

Tout comme sa couleur, la forme d'un contenant a une grande influence sur l'aspect de la composition végétale qu'il soutient. Lorsque les formes et les volumes des contenants correspondent à ceux des plantes, les arrangements sont habituellement plus harmonieux et ont toutes les chances d'être réussis.

De façon générale, la largeur des végétaux à maturité ne doit pas dépasser une fois et demie celle du contenant. Quant à leur hauteur, elle ne doit pas dépasser deux fois celle du récipient. Si vous ne respectez pas ces

Si vous installez des boîtes à fleurs sur la balustrade de votre balcon ou directement sous les fenêtres, assurez-vous que leur couleur et celle des fleurs qu'elles contiennent sont en harmonie avec la couleur d'un élément architectural particulier de la maison (volets, cadres de fenêtres, balustrades, etc.).

dimensions, certains de vos contenants sembleront littéralement écrasés par les plantes. À l'inverse, des petits végétaux seront presque invisibles s'ils sont plantés dans des pots de très gros format. Il y a toutefois certaines exceptions : les végétaux greffés sur tige et certains conifères peuvent parfois être trois fois plus hauts que le pot qui les contient. Cela ne pose aucun problème de proportions lorsque le diamètre de la couronne de la plante est égal ou légèrement supérieur à celui du pot. Bien souvent, en choisissant un contenant en fonction du calibre du tronc, vous obtiendrez un arrangement équilibré. Par exemple, un pot de terre cuite aux parois minces convient parfaitement à un petit arbre au tronc frêle, tandis qu'un demi-baril en bois est tout indiqué pour un arbre au tronc plus fort.

Dans une boîte à fleurs, ou dans tout autre contenant fixé à un mur, les végétaux placés à l'arrière doivent évidemment être plus hauts que ceux du devant. Comme les boîtes à fleurs sont basses et linéaires, il est important qu'elles ne contiennent pas de plantes trop hautes afin d'éviter un déséquilibre. À l'arrière des boîtes à fleurs, plantez préférablement des végétaux qui ne feront pas plus d'une fois et demie la hauteur de la boîte. À l'avant, privilégiez l'utilisation de plantes au port retombant.

Les feuillages pourpres mettent particulièrement bien en valeur les fleurs qu'ils accompagnent. Le coléus 'Black Magic' (*Solenostemon scutellarioides* 'Black Magic') se marie à merveille à la nicotine 'Nicki Lime' (*Nicotiana* 'Nicki Lime').

Ce lilas de Corée 'Palibin' (*Syringa meyeri* 'Palibin') est en parfait équilibre avec son pot.

Dans un contenant visible de tous les côtés, le centre doit être occupé par une plante haute entourée de végétaux plus bas et retombants qui la mettent en valeur. L'élément central vertical est particulièrement important pour la plantation en urnes. Une plante très effilée, comme un dracéna (*Cordyline australis*), un pennisetum (*Pennisetum setaceum*) ou un yucca (*Yucca*), remplit bien le rôle de pivot dans ces compositions.

Les plantations asymétriques se révèlent souvent plus originales et dynamiques que les compositions traditionnelles. Cependant, comme certains de ces arrangements ne peuvent être vus de tous les côtés, il est parfois nécessaire de les adosser à une plate-bande, à un mur ou à toute autre structure. Il est également possible de donner beaucoup d'originalité à vos compositions et d'éviter les effets symétriques en utilisant des contenants aux formes inusitées, comme les jarres et les auges. Les grandes jarres à bouche étroite s'harmonisent merveilleusement bien aux plantes dont les tiges retombent longuement. Au contraire, les pots bas et larges conviennent plutôt aux plantes basses qui produisent des fleurs de couleurs vives.

Le feuillage gris du cinéraire maritime 'Silver Dust' (*Senecio cineraria* 'Silver Dust') fait ressortir davantage les fleurs foncées de l'héliotrope 'Mini Marine' (*Heliotropium arborescens* 'Mini Marine').

Vous pouvez aisément rendre un arrangement asymétrique en disposant une plante haute au bord plutôt qu'au centre. Ici, le *Pennisetum setaceum*, une gracieuse graminée annuelle, est décentré, ce qui confère un certain charme à l'ensemble. On retrouve également dans cette urne de l'*Ipomoea batatas* 'Margarita', du *Brachyscome iberidifolia* 'Bravo Deep Blue', du *Zinnia* 'Profusion Orange' ainsi que du *Melampodium* 'Medaillon'.

Un aménagement de pots

L'aménagement avec des pots permet la création de compositions en continuelle évolution, puisqu'elles peuvent être modifiées au gré des saisons et de votre imagination. Un agencement simple, composé de quelques contenants, suffit parfois à transformer une terrasse ou même un petit balcon en une véritable oasis fleurie. Toutefois, comme l'association de végétaux dans un même pot, l'aménagement avec divers contenants doit être effectué selon des principes très semblables à ceux qui régissent la création d'une plate-bande.

Solitaire

Certains contenants, utilisés en solitaire, constituent bien souvent des points d'intérêt dans un jardin. Une magnifique urne soutenant une exubérante floraison peut former l'élément central d'un patio de pierres, tandis qu'un pot planté d'un arbuste aux caractéristiques singulières peut accompagner un banc au détour d'un sentier. Il est également très rapide et facile d'intégrer un contenant à une plate-bande afin de cacher un trou inesthétique.

En groupe

Dans plusieurs jardins, on trouve deux contenants soulignant le passage d'une section à une autre. Par exemple, l'entrée des maisons est souvent marquée par la présence de deux récipients identiques plantés de végétaux semblables. Cependant, un aménagement aussi symétrique ne correspond peut-être pas à vos goûts ou au style de votre résidence. Je vous propose, dans ce cas, de réaliser un arrangement moins rigide en plaçant des végétaux complètement différents dans vos deux pots ou de placer d'un côté un gros pot qui sera équilibré de l'autre côté par trois récipients de plus petites dimensions.

Un simple pot à oreilles planté de divers cultivars de lobélie retombante (*Lobelia erinus* cvs.) rend l'entrée de la résidence plus invitante.

Pour décorer un balcon ou une terrasse, il est nécessaire d'utiliser une grande quantité de contenants. Quelques pots dispersés, même s'ils sont plantés de végétaux exubérants, ne donnent habituellement pas un effet visuel intéressant. Afin de former des massifs et de créer des arrangements bien structurés, vous devez regrouper vos contenants dans certains endroits stratégiques.

Fond de scène

Tout comme une plate-bande, un aménagement de pots doit être placé devant un fond de scène. Disposez à l'arrière et sur les côtés, des plantes d'appartement arbustives, comme les orangers (*Citrus*), les hibiscus (*Hibiscus rosa-sinensis*) et certains palmiers, qui forment un cadre dans lequel vous pourrez ensuite insérer les autres contenants. L'utilisation de grimpantes annuelles contribue également à la formation de la charpente d'un arrangement de contenants. Ces plantes s'avèrent particulièrement intéressantes pour les endroits exigus, car elles permettent de maximiser l'utilisation de l'espace en usant d'une dimension souvent oubliée dans les petits jardins, la hauteur.

La symétrie de cet arrangement de pots donne un effet d'une grande beauté.

Dynamiser la disposition des pots

Dans un endroit où l'espace est restreint, bien que je vous suggère de travailler avec peu de couleurs différentes, assurez-vous tout de même de réaliser un aménagement rythmé et dynamique. Pour y parvenir, vous devez d'abord utiliser des contenants et des plantes de formes et de dimensions différentes. En associant divers pots, boîtes à fleurs, appliques et paniers suspendus, vous pouvez créer un aménagement fort original, sans monotonie. Cependant, afin que vos agencements soient harmonieux et unis, choisissez des contenants de

Les graminées et les plantes à gros feuillage peuvent également servir à structurer les arrangements de contenants.

même style dont les couleurs et les textures se marient bien.

Évitez d'aligner vos contenants. Placez-les plutôt en quinconce, en disposant les plus hauts à l'arrière et les petits à l'avant. N'oubliez pas de créer un certain rythme en alternant les dimensions des pots. Vous pouvez aussi donner du volume à vos arrangements en plaçant certains contenants sur des supports. Les colonnes, les cubes, les étagères et les piédestaux permettent ainsi de surélever au niveau du regard certains récipients trop bas. Cela devient carrément essentiel quand il s'agit de bien mettre en valeur les plantes au port retombant.

Afin d'éviter qu'un aménagement soit confus et qu'il manque complètement d'unité, il est préférable de ne pas utiliser trop de types de contenants différents au même endroit. Cependant, quelques petits contrastes de couleurs, de formes ou de textures dans les matériaux rendent bien souvent juste ce qu'il faut d'originalité et de dynamisme à l'ensemble.

En plus d'être particulièrement décoratives, ▶
les étagères permettent de disposer
les petits contenants à une hauteur où ils sont
beaucoup plus visibles.

Impression d'espace

Dans un site où l'espace est
particulièrement restreint, il est
utile de privilégier l'utilisation de
couleurs froides comme le bleu,
car elles donnent de la dimension
et beaucoup de profondeur aux
plantations. Toutefois, dans un
endroit exigu, un aménagement
dense et trop touffu peut
rapidement devenir oppressant.
Pour éviter de cloisonner votre
terrasse et pour donner une
impression d'espace, vous pouvez
conserver une ou plusieurs
ouvertures sur l'environnement
extérieur, surtout s'il est composé
de jolis éléments comme une forêt,
une montagne ou un bâtiment
particulièrement esthétique.
Encadré de végétaux et de
certaines structures, l'aménagement
fait davantage figure de tableau. Ce
cadre le met en valeur, attire le
regard vers l'horizon et permet
d'oublier les frontières de l'endroit
où l'on se trouve.

Ce piédestal met bien en valeur ces plantes
retombantes.

L'utilisation d'arbustes donne énormément de dynamisme aux aménagements de pots.

Une foule d'arrangements

Dans cette section, je vous présente diverses compositions en contenants. Pour chacun de ces arrangements, vous trouverez un schéma de plantation, la liste des plantes qui le composent et, parfois, des suggestions de végétaux de remplacement. Plusieurs de ces petits jardins en pots conviennent aux endroits ensoleillés et mi-ombragés ; les autres donneront des résultats satisfaisants à l'ombre.

De façon générale, les plantes qui nécessitent le plein soleil doivent recevoir environ six heures d'ensoleillement et plus par jour, tandis que les végétaux qui acceptent la mi-ombre peuvent se contenter de quatre à six heures de soleil. Donc, si une partie d'un jardin reçoit moins de quatre heures d'ensoleillement par jour, elle est considérée comme ombragée. Cependant, il y a plusieurs intensités d'ombre. L'ombre légère est celle produite par des arbres au feuillage léger. Dans de telles conditions, les zones éclairées et ombragées sont en mouvement constant, ce qui permet aux plantes de recevoir de trois à quatre heures d'ensoleillement au total. Ce type d'ombre permet l'utilisation d'une assez grande variété de plantes annuelles. À l'ombre moyenne, le sol n'est touché que par très peu de soleil direct, mais la luminosité ambiante est tout de même assez intense pour permettre à certains végétaux d'y pousser convenablement. L'ombre dense, où il n'y a pas plus de deux heures de soleil par jour, est la moins hospitalière de toutes ; on la retrouve surtout sous les conifères ou les feuillus très touffus. Rares sont les plantes annuelles qui peuvent pousser dans de telles conditions.

Calibrachoa 'Million Bells Cherry Pink'
(*Calibrachoa* 'Million Bells Cherry Pink').

Gamme de roses

SOLEIL, MI-OMBRE

*I*l se dégage beaucoup d'harmonie de cette petite plantation constituée de fleurs aux différentes teintes de rose. Cet arrangement démontre bien qu'en utilisant tous les niveaux de saturation d'une même couleur, il est possible de créer des compositions monochromes qui ne manquent pas de dynamisme.

ARGYRANTHEMUM FRUTESCENS 'SUMMER PINK'
Les fleurs ont une durée de vie de quelques jours, mais elles se succèdent presque sans arrêt pendant tout l'été.

LOBELIA ERINUS 'AZURE'
Un superbe cultivar de lobélie retombant qui tolère relativement bien un ensoleillement direct.

PETUNIA 'CELEBRITY LILAC'
Un cultivar de pétunia très résistant dont les fleurs sont de grand format.

CALIBRACHOA 'MILLION BELLS CHERRY PINK'
Récemment introduite en Amérique du Nord, cette plante retombante produit une abondante floraison qui rappelle celle des pétunias miniatures.

Plantureuse floraison

Très proche parent des pétunias, le *Calibrachoa* est récemment apparu sur le marché horticole. C'est une plante retombante trapue qui produit une abondance de petites fleurs durant tout l'été, jusqu'aux premières gelées importantes d'octobre. En plus de nécessiter un apport d'engrais soutenu, cette plante demande le plein soleil ou la mi-ombre, mais il est préférable que ses racines poussent dans un sol ombragé et frais, un peu comme l'exigent les clématites. Plutôt que de planter le calibrachoa près du bord, disposez-le un peu plus vers le centre du contenant de façon que ses tiges retombent tout de même à l'extérieur, mais que sa base soit recouverte par le feuillage des autres plantes qui l'accompagnent. Outre 'Million Bells Cherry Pink', plusieurs autres cultivars sont disponibles, dont 'Million Bells Blue', aux fleurs bleu violacé, 'Trailing Million Bells White', aux fleurs blanches, ainsi que 'Terra Cotta', une nouvelle variété aux fleurs jaunes maculées de rouge.

Calibrachoa 'Trailing Million Bells White'.

Calibrachoa 'Million Bells Blue'.

Calibrachoa 'Million Bells Cherry Pink'.

Pot de 35 cm (14 po) de diamètre

 Marguerite arbustive 'Summer Pink' (*Argyranthemum frutescens* 'Summer Pink') x 1

 Pétunia 'Celebrity Lilac' (*Petunia* 'Celebrity Lilac') x 3

 Calibrachoa 'Million Bells Cherry Pink' (*Calibrachoa* 'Million Bells Cherry Pink') x 1

 Lobélie 'Azure' (*Lobelia erinus* 'Azure') x 1

Entretien

Pour donner de bons résultats, cet arrangement doit être disposé dans un endroit où la chaleur et l'ensoleillement ne sont pas trop intenses en après-midi. Afin d'obtenir une floraison constante et abondante, éliminez régulièrement les fleurs fanées des pétunias et de la marguerite arbustive. Comme ce contenant est relativement petit, il est nécessaire de l'arroser souvent et de ne pas laisser le terreau se dessécher durant une trop longue période.

Lumineux acolytes

SOLEIL

L es fleurs jaune verdâtre, orange et rouges qui composent cette potée ont beaucoup d'éclat. Cette originale association de végétaux s'harmonise particulièrement bien à un récipient de terre cuite brun ou vert olive.

Entretien

Installez cet arrangement dans un endroit protégé des vents où l'ensoleillement est intense et constant, sans quoi le pourpier et surtout l'abutilon ne fleuriront pas convenablement. Vers la fin de septembre, vous pouvez rentrer l'abutilon dans la maison. Placez-le dans un endroit bien ensoleillé mais peu chauffé. Taillez-le de moitié lorsque sa floraison est terminée ou à la fin de l'hiver, afin de stimuler la formation des nouvelles pousses qui porteront les fleurs.

Variations sur un thème

Utilisez toujours l'abutilon 'Ashford Red' comme pivot, mais placez du bident (*Bidens ferulifolia*) à l'avant et du mimulus 'Mystic Orange' (*Mimulus* 'Mystic Orange') à l'arrière. Pour plus d'originalité, vous pouvez même ajouter une graminée au feuillage beige comme le *Carex buchananii*.

Pot de 28 cm (11 po) de diamètre

 Nicotine 'Lime Green'
(*Nicotiana* 'Lime Green') x 3

 Pourpier 'Yubi Apricot'
(*Portulaca* 'Yubi Apricot') x 2

 Abutilon 'Ashford Red'
(*Abutilon* 'Ashford Red') x 1

ABUTILON 'ASHFORD RED'
Il est utilisé comme sujet principal dans certains arrangements; sa base souvent dégarnie peut être facilement cachée par des annuelles.

NICOTIANA 'LIME GREEN'
Ses fleurs dégagent un léger parfum à la tombée du jour.

PORTULACA 'YUBI APRICOT'
Un joli cultivar dont les fleurs se referment en l'absence de soleil direct.

Jardin en pot
SOLEIL, MI-OMBRE

*P*lusieurs éléments rendent cette plantation attrayante et originale. D'abord, les fleurs qui la composent montrent une parfaite unité parce que leurs teintes sont harmonieuses. Ensuite, l'utilisation du dolique, une plante annuelle grimpante, donne de l'ampleur et de la hauteur à ce petit aménagement. Finalement, quelques végétaux au feuillage décoratif mettent les fleurs voisines en valeur.

Entretien

Cet arrangement peut être exposé au plein soleil. Cependant, si vous l'installez dans un endroit abrité des vents où le soleil est très ardent, les feuilles de la lysimaque perdront leur panachure pour prendre une teinte jaune pâle. Le dolique, une plante grimpante volubile, s'enroule autour de son support avec toute sa tige; assurez-vous donc de lui fournir un tuteur rond dont le diamètre est d'environ 2,5 cm (1 po). Comme cet aménagement est composé de plusieurs végétaux différents, il doit être entretenu avec beaucoup de vigilance. En plus d'assurer une fertilisation soutenue et des arrosages réguliers, il est parfois nécessaire de tailler certaines plantes qui envahissent et étouffent les autres.

Pot de 50 cm x 50 cm (20 po x 20 po)

 Pétunia 'Ultra Blue'
(*Petunia* 'Ultra Blue') x 5

 Verveine 'Temari Violet'
(*Verbena* 'Temari Violet') x 3

 Brachyscome à feuilles d'ibéride 'Bravo Deep Blue'
(*Brachyscome iberidifolia* 'Bravo Deep Blue') x 1

 Immortelle à feuillage argenté 'Silver'
(*Helichrysum petiolare* 'Silver') x 1

 Lysimaque à fleurs congestionnées 'Outback Sunset'
(*Lysimachia congestiflora* 'Outback Sunset') x 1

 Dolique
(*Dolichos lablab*) x 1

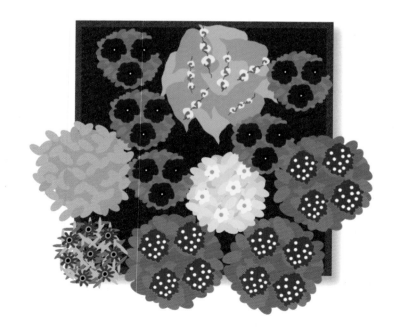

Dolichos lablab
Cette annuelle grimpante croît et fleurit très rapidement.

Helichrysum petiolare 'Silver'
Le feuillage gris et velouté de cette immortelle adoucit la composition.

Petunia 'Ultra Blue'
Les fleurs de ce cultivar ont la texture du velours.

Lysimachia congestiflora 'Outback Sunset'
Cette lysimaque possède un joli feuillage jaune panaché de vert tendre qui contraste magnifiquement avec les fleurs violettes ou bleues.

Brachyscome iberidifolia 'Bravo Deep Blue'
Taillez à deux reprises, tôt en début de saison, pour obtenir un port compact et une floraison abondante.

Verbena 'Temari Violet'
Taillez de moitié lors de la plantation pour favoriser la formation de plants trapus.

Feuillage velouté

L'immortelle à feuillage argenté (*Helichrysum petiolare*) fleurit rarement sous notre climat; son magnifique feuillage gris, d'aspect duveteux, constitue donc son principal attrait. Utilisés en contenant, en association avec d'autres annuelles, les divers cultivars d'immortelles sont idéaux pour mettre en valeur les fleurs bleues, violettes ou roses. Ce sont des plantes qui poussent très rapidement, et leurs tiges atteignent parfois plus de 60 cm (24 po) de longueur. Le cultivar 'Silver', dont les feuilles sont grises, s'adapte aussi bien au soleil qu'à la mi-ombre ou à l'ombre légère. Cependant, 'Limelight', au feuillage jaune très légèrement teinté de vert, et 'Variegatum', aux feuilles vertes panachées de jaune, conservent mieux leur jolie coloration sous un ensoleillement pas trop intense.

Helichrysum petiolare 'Limelight' et *Felicia amelloides* 'Variegata'.

Helichrysum petiolare 'Variegatum'.

PAGE DE GAUCHE : *Helichrysum petiolare* 'Silver' et *Geranium sanguineum* 'Jubilee Pink'.

Intensité en rouge, pourpre et violet
SOLEIL

*L*es associations de fleurs aux couleurs très saturées et foncées, comme le rouge, le pourpre et le violet, confèrent aux aménagements une atmosphère dense et spectaculaire. Le feuillage jaune de la lysimaque à fleurs congestionnées 'Outback Sunset' vient créer un lien entre les différentes plantes qui composent cet arrangement, tout en allégeant l'effet très puissant qui s'en dégage.

Entretien

Pincez l'extrémité des tiges de l'héliotrope et des sauges au moment de la plantation pour qu'ils forment davantage de ramifications, ce qui augmentera la quantité de fleurs qu'ils produiront par la suite. Plus tard durant l'été, n'oubliez pas d'éliminer leurs fleurs dès qu'elles sont fanées. Lorsque vous effectuerez le démantèlement de cet arrangement, à l'automne, vous pourrez conserver l'heuchère, qui est une plante vivace, en la plantant en pleine terre.

Variations sur un thème

En utilisant toujours le pélargonium 'Victoria' à l'arrière du pot, remplacez l'héliotrope 'Fragrant Delight' par la sauge farineuse 'Victoria' (*Salvia farinacea* 'Victoria'), puis la sauge 'Salsa Deep Purple' par la pensée 'Purple Rain' (*Viola* 'Purple Rain') ou par la verveine 'Quartz Burgundy' (*Verbena* 'Quartz Burgundy'). Substituez à l'heuchère 'Purple Petticoats' un cultivar de basilic au feuillage pourpre (*Ocimum basilicum* 'Purple Ruffles').

Pot de 50 cm (20 po) de diamètre

 Pélargonium ou géranium 'Victoria'
(*Pelargonium* 'Victoria') x 2

 Lysimaque à fleurs congestionnées 'Outback Sunset'
(*Lysimachia congestiflora* 'Outback Sunset') x 2

 Heuchère 'Purple Petticoats'
(*Heuchera* 'Purple Petticoats') x 1

 Sauge écarlate 'Salsa Deep Purple'
(*Salvia splendens* 'Salsa Deep Purple') x 3

 Héliotrope 'Fragrant Delight'
(*Heliotropium* 'Fragrant Delight') x 1

HELIOTROPIUM 'FRAGRANT DELIGHT'
Les fleurs dégagent une odeur
vanillée complètement enivrante.

PELARGONIUM 'VICTORIA'
Un cultivar aux fleurs rouge fluorescent.

SALVIA SPLENDENS 'SALSA DEEP PURPLE'
Ce cultivar de sauge produit
des fleurs pourpre très foncé.

HEUCHERA 'PURPLE PETTICOATS'
Une vivace au feuillage
pourpre qui convient bien
à la culture en pot.

LYSIMACHIA CONGESTIFLORA
'OUTBACK SUNSET'
Beau feuillage jaune panaché
de vert tendre qui a tendance
à pâlir s'il est exposé au soleil
trop intense.

Exubérance

Soleil, mi-ombre

Malgré un nombre restreint de fleurs, cette plantation doit son charme à une association judicieuse de formes et de textures de divers feuillages. Marié à certaines plantes au feuillage très ornemental ainsi qu'à des fleurs dont la couleur est saturée, le pennisetum 'Rubrum', une graminée qui explose littéralement à l'arrière du bac, produit un effet percutant et donne une touche d'exotisme à l'ensemble.

Entretien

Taillez les verveines de moitié au moment de la plantation pour qu'elles produisent davantage de ramifications et de fleurs. Ne placez pas cet arrangement sous un soleil trop intense pour éviter que les feuilles des verveines et de l'immortelle brûlent. Lorsque toutes les annuelles ont cessé de fleurir, vers le début de l'automne, enlevez-les du contenant, mais laissez-y les choux ornementaux et le pennisetum. Ces plantes resteront attrayantes pendant une bonne partie de l'automne.

Pot de 30 cm x 30 cm (12 po x 12 po)

 Chou ornemental 'Nagoya White'
(*Brassica oleracea* 'Nagoya White') x 2

 Verveine 'Temari Violet'
(*Verbena* 'Temari Violet') x 3

 Pélargonium-lierre ou géranium-lierre 'Royal Blue'
(*Pelargonium peltatum* 'Royal Blue') x 1

 Immortelle 'Limelight'
(*Helichrysum petiolare* 'Limelight') x 1

 Pennisetum 'Rubrum'
(*Pennisetum setaceum* 'Rubrum') x 1

LE JARDINIER RENSEIGNÉ

Mouvement

Les jardiniers amateurs plantent très peu de graminées annuelles. Je vous propose d'utiliser le pennisetum (*Pennisetum setaceum*), qui donne beaucoup de mouvement et de dynamisme aux arrangements en contenants. Il forme de superbes inflorescences de couleur beige, qui peuvent s'élever jusqu'à environ 1 m de hauteur. Il pousse très bien au soleil ou à la mi-ombre, dans un terreau toujours frais. Le cultivar 'Rubrum', à l'étonnant feuillage pourpre foncé, s'associe particulièrement bien aux fleurs crème, jaunes, orange ou roses.

Pennisetum setaceum 'Rubrum'.

Pennisetum setaceum.

PENNISETUM SETACEUM 'RUBRUM'
Une formidable graminée annuelle aux longs épis qui persistent jusqu'en octobre.

BRASSICA OLERACEA 'NAGOYA WHITE'
Avant que son cœur se teinte de blanc, ce chou offre un feuillage vert bleuté des plus magnifiques, qui s'associe particulièrement bien aux fleurs blanches, bleues, violettes ou roses.

HELICHRYSUM PETIOLARE 'LIMELIGHT' Une plante au feuillage jaune teinté de vert qui contraste de façon saisissante avec les plantes pourpres.

VERBENA 'TEMARI VIOLET'
Éliminez régulièrement les fleurs fanées de ce cultivar de verveine.

PELARGONIUM PELTATUM 'ROYAL BLUE' Ce cultivar produit de belles fleurs rose violacé très vif.

Harmonie d'aromates

SOLEIL

Joignez l'utile à l'agréable en intégrant des fines herbes à vos plantations en contenants. Cet arrangement constitué uniquement d'herbes aromatiques démontre bien que la présence de fleurs n'est pas absolument nécessaire pour qu'une composition en pot soit réussie. Les associations de feuillages sont évidemment moins éclatantes que celles qui sont composées principalement de fleurs, mais les couleurs, les formes et les textures des feuilles s'agencent subtilement pour former des mariages tout en finesse.

Entretien

Comme le basilic est très sensible au froid, attendez que tout risque de gel soit écarté dans votre région avant de le planter ou de le semer à l'extérieur. Si vous désirez utiliser les fines herbes qui constituent cet arrangement pour rehausser la saveur de vos plats, il est préférable de ne pas les fertiliser et de leur donner un ensoleillement constant. Assurez-vous également d'éliminer les fleurs des divers cultivars de basilic dès qu'elles apparaissent.

Pot de 25 cm x 50 cm (10 po x 20 po) de diamètre

 Basilic cannelle
(*Ocimum basilicum* 'Cinnamon') x 1

 Capucine 'Red Wonder'
(*Tropaeolum* 'Red Wonder') x 1

 Sauge officinale 'Purpurascens'
(*Salvia officinalis* 'Purpurascens') x 1

 Menthe pomme 'Variegata'
(*Mentha suaveolens* 'Variegata') x 1

 Persil frisé
(*Petroselinum crispum*) x 1

 Basilic 'Dark Opal'
(*Ocimum basilicum* var. *purpurascens* 'Dark Opal') x 1

 Basilic 'Mrs Burns' Lemon'
(*Ocimum* x *citriodorum* 'Mrs Burns' Lemon') x 1

Ocimum x citriodorum 'Mrs Burns' Lemon'
Un cultivar de basilic au goût prononcé de citron.

Ocimum basilicum var. purpurascens 'Dark Opal'
Les jeunes feuilles de ce cultivar présentent souvent des taches vertes.

Ocimum basilicum 'Cinnamon'
Le goût de ce basilic, originaire du Mexique, rappelle celui de la cannelle.

Tropaeolum 'Red Wonder'
Un surprenant cultivar de capucine aux petites feuilles vert foncé teinté de pourpre.

Salvia officinalis 'Purpurascens'
Un cultivar de sauge officinale dont les jeunes pousses sont pourpres.

Petroselinum crispum
Le persil possède des feuilles très décoratives, dont la texture contraste grandement avec celle de la plupart des autres feuillages.

Mentha suaveolens 'Variegata'
Afin d'encourager la formation de nouvelles pousses panachées, cette menthe doit être légèrement taillée à quelques reprises.

Potée de soleil

SOLEIL

Cette composition est particulièrement éclatante et dynamique, grâce à l'utilisation de plantes aux couleurs vives. La forme et la couleur du contenant, une cuve d'acier, s'harmonisent parfaitement à la plantation et lui donnent un aspect urbain très actuel. Les feuillages gris et pourpres forment un contraste saisissant avec les fleurs orange du zinnia 'Profusion Orange'.

Entretien

Placez ce contenant dans un endroit chaud et bien ensoleillé. Éliminez régulièrement les fleurs fanées du lantana, de la marguerite arbustive et des zinnias. Coupez également les vieilles feuilles décolorées de la patate douce. Le lantana peut être rentré dans la maison à l'automne. Placez-le alors dans un endroit ensoleillé mais frais, en réduisant les arrosages au strict minimum.

Pot de 50 cm (20 po) de diamètre

 Marguerite arbustive 'White Compact'
(*Argyranthemum frutescens* 'White Compact') x 1

 Zinnia 'Profusion Orange'
(*Zinnia* 'Profusion Orange') x 4

 Immortelle à feuillage argenté 'Silver'
(*Helichrysum petiolare* 'Silver') x 1

 Lantana
(*Lantana camara*) x 1

 Patate douce 'Blackie'
(*Ipomoea batatas* 'Blackie') x 1

Magiques marguerites

La marguerite arbustive (*Argyranthemum frutescens*) est une plante vivace trop tendre pour passer l'hiver à l'extérieur. De façon générale, on la traite donc comme une annuelle ou, plus rarement, comme une plante d'appartement qu'on installe dehors durant la belle saison. Cette marguerite fleurit presque sans arrêt, du printemps aux premières gelées automnales, à condition qu'on l'installe dans un endroit bien ensoleillé et chaud, sans pour autant être torride, et qu'on élimine régulièrement ses fleurs fanées. Elle peut aussi très bien s'accommoder de la mi-ombre. Comme elle supporte difficilement la sécheresse, il est important de garder son terreau le plus frais possible. Cette plante est très appréciée pour ses jolies petites inflorescences blanches au cœur jaune, identiques à celles des grandes marguerites de nos plates-bandes. On retrouve aussi des variétés à fleurs jaunes, comme 'Butterfly', et à fleurs roses, tel le cultivar 'Summer Pink'. Quant au 'White Compact', trapu et très florifère, il atteint environ 45 cm (18 po) de hauteur.

Argyranthemum frutescens 'Summer Pink'.

Argyranthemum frutescens 'White Compact'.

IPOMOEA BATATAS 'BLACKIE'
Cette plante au feuillage pourpre
très découpé est en fait un cultivar
ornemental de patate douce.

ARGYRANTHEMUM FRUTESCENS 'WHITE COMPACT'
Un cultivar de marguerite arbustive trapu
et très florifère.

LANTANA CAMARA
Cette superbe plante
arbore une floraison
étonnante. Lorsqu'elles
éclosent, les fleurs sont
de couleur jaune ; elles
prennent une teinte plus
foncée avec le temps,
jusqu'à devenir rose
sombre, avant de faner.

ZINNIA 'PROFUSION ORANGE'
Ce cultivar de zinnia est moins
sensible à l'oïdium que certains
autres.

HELICHRYSUM PETIOLARE 'SILVER'
N'hésitez pas à tailler cette
plante lorsqu'elle devient
envahissante.

Contraste en violet et or

SOLEIL, MI-OMBRE

*V*oici une boîte à fleurs qui ne manque pas d'élégance. L'association de plantes aux feuilles panachées de jaune et aux fleurs violettes lui donne beaucoup de richesse et d'opulence. Les divers feuillages se marient délicatement, tout en douceur, contrastant fortement avec les épis de fleurs bien dressés de la sauge farineuse 'Victoria'.

Entretien

Cet arrangement peut être placé à la mi-ombre, mais les feuillages panachés de jaune qui le composent arboreront des teintes plus vives s'il est placé en plein soleil. Toutefois, en situation très ensoleillée, assurez-vous que le terreau reste toujours frais. Au moment de la plantation, pincez l'extrémité des tiges des plants de sauge 'Victoria', afin qu'elles se ramifient et produisent une plus grande quantité de fleurs. Une ou deux fois en début de saison, taillez légèrement le brachyscome, pour que son feuillage se densifie et que sa production de fleurs s'intensifie.

Variations sur un thème

Substituez aux plantes à feuillage panaché qui composent cet arrangement le fusain de Fortune 'Emerald'n Gold' (*Euonymus fortunei* 'Emerald'n Gold'), un petit arbuste au feuillage persistant. Utilisez également l'alchémille (*Alchemilla mollis*), qui donnera une touche de jaune grâce à ses fleurs délicates qui s'épanouissent en juin, ainsi que la lysimaque rampante 'Aurea' (*Lysimachia nummularia* 'Aurea'), dont le vif feuillage doré retombera devant la boîte. À la fin de la saison, lorsque vous nettoyez vos pots, plutôt que de jeter ces plantes, je vous propose de les transplanter au jardin. Comme elles sont vivaces, vous les verrez repousser l'année suivante.

Jardinière de 30 cm x 120 cm (12 po x 48 po)

 Sauge farineuse 'Victoria'
(*Salvia farinacea* 'Victoria') x 6

 Félicie 'Variegata'
(*Felicia amelloides* 'Variegata') x 5

 Brachyscome à feuilles d'ibéride 'Bravo Deep Blue'
(*Brachyscome iberidifolia* 'Bravo Deep Blue') x 3

 Lierre commun 'Golden Ingot'
(*Hedera helix* 'Golden Ingot') x 3

 Immortelle 'Limelight'
(*Helichrysum petiolare* 'Limelight') x 1

 Sauge officinale 'Icterina'
(*Salvia officinalis* 'Icterina') x 7

HELICHRYSUM PETIOLARE
'LIMELIGHT'
Une plante au feuillage duveteux qui se faufile un peu partout parmi les autres végétaux.

SALVIA FARINACEA 'VICTORIA'
Un cultivar de sauge très populaire qui fleurit
sans arrêt jusqu'aux premières gelées.

SALVIA OFFICINALIS 'ICTERINA'
Les feuilles de cette sauge peuvent
être utilisées pour la cuisine.

FELICIA AMELLOIDES 'VARIEGATA'
Comme elle fleurit peu, cette
félicie est principalement utilisée
pour son joli feuillage panaché.

BRACHYSCOME IBERIDIFOLIA 'BRAVO DEEP BLUE'
Ce cultivar offre une floraison abondante et constante.

HEDERA HELIX 'GOLDEN INGOT'
Un cultivar de lierre commun aux feuilles vertes
panachées de crème et de jaune.

Fraîche suspension

SOLEIL, MI-OMBRE

Il se dégage une certaine légèreté et beaucoup de fraîcheur de cette magnifique composition suspendue. C'est en grande partie grâce à l'utilisation de fleurs blanches et roses qu'elle semble si harmonieuse et empreinte de tant de douceur. La présence du feuillage vert tendre de la patate douce 'Margarita' lui apporte une subtile touche d'exotisme.

Entretien

Bien que les plantes qui constituent cet arrangement s'accommodent assez bien d'une situation mi-ombragée, elles fleurissent davantage si elles sont placées dans un endroit recevant plus de six heures de soleil par jour. Parce qu'ils sont particulièrement voraces, ne plantez pas trop de pétunias 'Surfinia' dans un même contenant. Un ou deux plants suffisent pour la plupart des paniers suspendus. Pour qu'il fleurisse abondamment durant tout l'été, le pétunia 'Surfinia White' doit être fertilisé à chaque arrosage. N'oubliez pas d'éliminer régulièrement toutes ses fleurs fanées. Ce panier suspendu doit être arrosé trois à quatre fois par semaine en été et presque deux fois par jour en période de canicule.

Variations sur un thème

Substituez au pétunia 'Surfinia White' le pétunia 'Purple Wave' (*Petunia* 'Purple Wave'), aux superbes fleurs rose magenta, avec un cœur noir. Associez-le au pélargonium-lierre 'White Nicole' (*Pelargonium peltatum* 'White Nicole'), qui produit une abondante floraison de couleur blanche.

Pot de 50 cm (20 po) de diamètre

 Scaévola
(*Scaevola aemula*) x 3

 Verveine 'Temari Violet'
(*Verbena* 'Temari Violet') x 3

 Pétunia 'Surfinia White'
(*Petunia* 'Surfinia White') x 2

 Patate douce 'Margarita'
(*Ipomoea batatas* 'Margarita') x 1

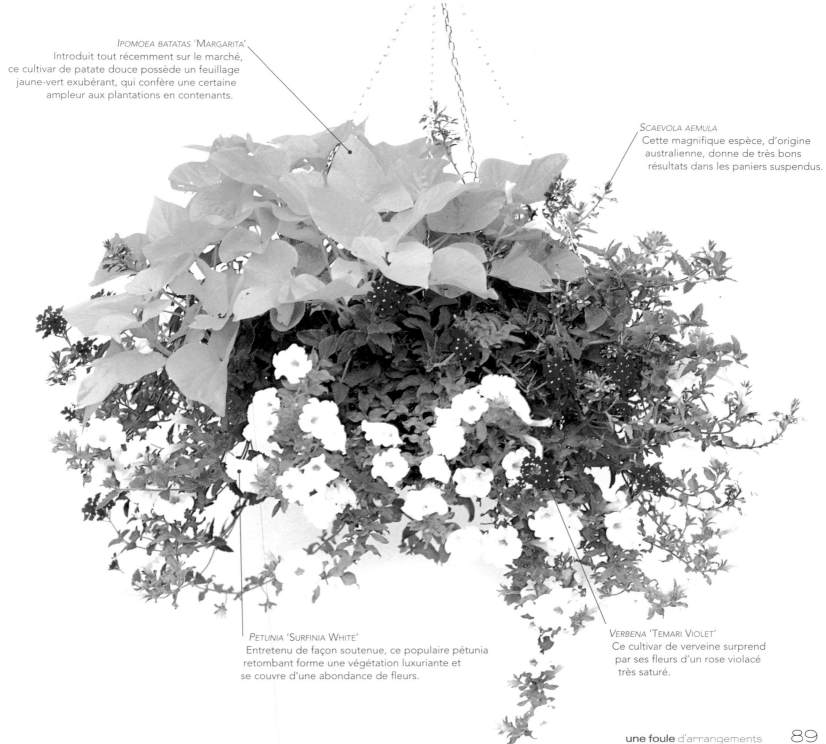

Ipomoea batatas 'Margarita'
Introduit tout récemment sur le marché, ce cultivar de patate douce possède un feuillage jaune-vert exubérant, qui confère une certaine ampleur aux plantations en contenants.

Scaevola aemula
Cette magnifique espèce, d'origine australienne, donne de très bons résultats dans les paniers suspendus.

Petunia 'Surfinia White'
Entretenu de façon soutenue, ce populaire pétunia retombant forme une végétation luxuriante et se couvre d'une abondance de fleurs.

Verbena 'Temari Violet'
Ce cultivar de verveine surprend par ses fleurs d'un rose violacé très saturé.

Feuillages exotiques
SOLEIL, MI-OMBRE

Cette association de plantes aux allures exotiques forme un tableau totalement saisissant. En mariant des végétaux aux feuillages de couleurs et de formes singulières, il est possible de créer des arrangements très dynamiques et rythmés. Les deux couleurs utilisées dans cette composition sont le pourpre et le gris. Le feuillage pourpre du pennisetum 'Rubrum', qui jaillit à l'arrière du contenant, a un effet puissant et très excitant, qui contraste de façon extrêmement surprenante avec la douceur et le calme créés par les feuillages gris qui l'entourent. À noter, le choix du pot vernissé qui donne beaucoup de chic à l'ensemble.

Entretien

Choisissez un contenant large, mais surtout suffisamment haut, pour qu'il soit en équilibre avec les dimensions des végétaux.

Taillez légèrement le plectranthe et le coléus en début de saison, afin que leur feuillage soit dense et fourni.

Pot de 35 cm (14 po) de diamètre

 Coléus 'Haines'
(*Solenostemon scutellarioides* 'Haines') x 1

 Mélianthe
(*Melianthus major*) x 1

 Oseille sanguine
(*Rumex sanguineus*) x 1

 Plectranthe argenté
(*Plectranthus argentatus*) x 1

 Pennisetum 'Rubrum'
(*Pennisetum setaceum* 'Rubrum') x 1

PENNISETUM SETACEUM 'RUBRUM'
Cette graminée fait de chaque arrangement une véritable œuvre d'art.

PLECTRANTHUS ARGENTATUS
Bien qu'il soit employé principalement pour son feuillage gris velouté, s'il n'est pas taillé, ce plectranthe forme de jolies fleurs d'un bleu très pâle.

SOLENOSTEMON SCUTELLARIOIDES 'HAINES'
Un étrange cultivar de coléus bigarré de diverses teintes de rouge, de rose et de pourpre.

RUMEX SANGUINEUS
L'oseille sanguine possède un feuillage vert foncé traversé de nervures pourpres.

MELIANTHUS MAJOR
Cette formidable plante possède un gracieux feuillage de couleur bleu grisâtre dont les rebords sont finement découpés.

Opulence

SOLEIL

*U*n arrangement composé de violet, de rose et de jaune est souvent très opulent, vibrant et empreint de beaucoup de vivacité. Cependant, faites attention, car le mariage du jaune et du rose n'est pas toujours heureux. Pour qu'un tel mélange soit réussi, choisissez un rose teinté de bleu ou de violet, comme un mauve par exemple. Pour éviter un contraste trop choquant, vous pouvez également utiliser des fleurs de couleur jaune teintée de blanc ou de vert, comme c'est le cas dans cet aménagement.

Entretien

Au moment de la plantation, taillez les pétunias de moitié et pincez l'extrémité des tiges des héliotropes. Placez cet arrangement dans un endroit bien protégé des vents pour éviter que certaines plantes s'affaissent.

Variations sur un thème

Tout en conservant les autres végétaux, mais en plantant l'impatiente 'Accent Violet' (*Impatiens* 'Accent Violet') ou la torenia 'Summer Wave Blue' (*Torenia* 'Summer Wave Blue') au lieu de l'héliotrope 'Fragrant Delight', vous pourrez facilement installer cet arrangement à la mi-ombre ou même à l'ombre légère.

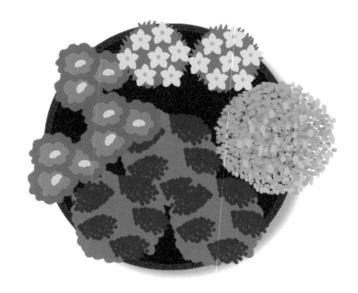

Pot de 40 cm (16 po) de diamètre

 Héliotrope 'Fragrant Delight' (*Heliotropium* 'Fragrant Delight') x 3

 Plectostachys (*Plectostachys serphyllifolia*) x 1

 Pétunia 'Celebrity Lilac' (*Petunia* 'Celebrity Lilac') x 3

 Nicotine 'Nicki Lime' (*Nicotiana* 'Nicki Lime') x 2

NICOTIANA 'NICKI LIME'
Un des nombreux cultivars de nicotines aux fleurs jaunes teintées de vert qui ont été récemment introduits sur le marché horticole.

HELIOTROPIUM 'FRAGRANT DELIGHT'
Un cultivar d'héliotrope aux superbes fleurs richement colorées de violet.

PETUNIA 'CELEBRITY LILAC'
Taillez ce pétunia lors de la plantation pour obtenir des plants trapus qui se tiennent bien.

PLECTOSTACHYS SERPHYLLIFOLIA
Vendu communément sous le nom d'*Helichrysum petiolare* 'Microphyllum'.

Beauté exceptionnelle

La mélianthe (*Melianthus major*) est une plante magnifique au gracieux feuillage bleu grisâtre. Chaque feuille, d'une longueur d'environ 30 cm (12 po), est composée de plusieurs folioles finement dentelées. En sol très riche exposé au plein soleil ou à la mi-ombre, cette plante peut parfois atteindre un peu plus de 1,5 m (5 pi) de hauteur. La mélianthe, qui est en fait un arbuste trop tendre, résiste mal aux gelées importantes. C'est une plante architecturale qui donne à la fois structure et exubérance aux compositions végétales.

Melianthus major.

Des patates très décoratives

Des patates douces utilisées dans les boites à fleurs! Qui l'eût cru ? Divers cultivars d'*Ipomoea batatas*, cette fameuse patate douce comestible, possèdent un feuillage d'un grand intérêt ornemental. Le cultivar 'Blackie' forme des feuilles pourpre foncé profondément découpées. Pour leur part, 'Margarita' et 'Terrace Lime' arborent un exubérant feuillage jaune teinté de vert. On retrouve aussi sur le marché la variété 'Tricolor', dont le feuillage vert est joliment panaché de rose et de blanc. Les cultivars de patates douces poussent bien au soleil ou à la mi-ombre ; ils affectionnent particulièrement la chaleur et nécessitent un arrosage régulier, car leurs feuilles flétrissent au moindre manque d'eau. Ces plantes retombent gracieusement le long des parois des contenants. Comme leurs tiges peuvent parfois croitre d'un peu plus de 60 cm (24 po) de longueur en un seul été, il est quelquefois nécessaire de les tailler pour éviter qu'elles envahissent les plantes voisines. Ces végétaux sont très sensibles au froid ; ne les plantez pas à l'extérieur avant que tout risque de gel soit écarté.

Ipomoea batatas 'Blackie' et *Achillea sibirica* var. *camtschatica* 'Love Parade'.

Ipomoea batatas 'Margarita'.

Jour et nuit

L e blanc est une des couleurs les plus pâles, tandis que le violet est une des plus sombres et des plus denses qui soient. Dans cette association, les végétaux de couleur blanche donnent l'impression que le violet des fleurs des pétunias est plus saturé qu'il ne l'est en réalité.

En même temps, le blanc empêche le violet de se confondre avec les feuillages verts et le fait ressortir. Cet original mariage de couleurs confère énormément d'intensité et de puissance à l'arrangement.

Entretien

Placez cet arrangement dans un endroit ensoleillé et maintenez la terre toujours fraîche. Cependant, le terreau ne doit pas être trop humide; laissez-le sécher légèrement entre deux arrosages. Vous pouvez également disposer ce contenant à la mi-ombre.

Pot de 38 cm (15 po) de diamètre

 Plectranthe à feuillage panaché
(*Plectranthus madagascariensis* 'Variegated Mintleaf') x 1

 Patate douce 'Blackie'
(*Ipomoea batatas* 'Blackie') x 1

 Calibrachoa 'Trailing Million Bells White'
(*Calibrachoa* 'Trailing Million Bells White') x 1

 Anagallis 'Skylover'
(*Anagallis* 'Skylover') x 1

 Pétunia 'Ultra Blue'
(*Petunia* 'Ultra Blue') x 2

 Héliotrope 'Perfume White'
(*Heliotropium* 'Perfume White') x 1

HELIOTROPIUM 'PERFUME WHITE'
Nouvelle variété plus florifère et
vigoureuse que la plupart des
autres cultivars d'héliotropes
à fleurs blanches.

IPOMOEA BATATAS 'BLACKIE'
Tout comme le violet, le pourpre
de ce feuillage est
particulièrement foncé et
offre un contraste
impressionnant avec
le blanc.

PETUNIA 'ULTRA BLUE'
Éliminez régulièrement les
fleurs fanées pour favoriser
une floraison abondante et
constante.

PLECTRANTHUS MADAGASCARIENSIS
'VARIEGATED MINTLEAF'
Une plante très facile à
cultiver, qui arbore un joli
feuillage vert aux marges
blanches.

ANAGALLIS 'SKYLOVER'
Une annuelle qui
produit de superbes
petites fleurs bleues
au cœur blanc et
rouge (cette photo
a été prise avant
qu'elle fleurisse).

CALIBRACHOA 'TRAILING MILLION BELLS WHITE'
Un nouveau venu parmi les cultivars de
calibrachoas. Un dense feuillage retombant
garni de rafraîchissantes fleurs blanches.

De vibrantes couleurs

SOLEIL

---

*L*e jaune nous fait automatiquement penser au soleil. Même durant une journée nuageuse, cette vivante composition vous fera l'effet d'un rayon de
soleil. Toutefois, gardez à l'esprit que le jaune en trop grande quantité peut
vite devenir agressant, ce qui a généralement pour effet d'écraser les couleurs aux teintes
plus subtiles qui l'accompagnent. On doit donc employer avec discrétion les fleurs jaunes,
surtout dans leurs teintes les moins saturées. Dans cet arrangement, le jaune intense du
rudbeckia hérissé 'Toto' est allégé par la présence des feuillages verts et des fleurs blanches de la marguerite arbustive 'White Compact' plantée à l'arrière.

Entretien

Disposez cette potée dans un endroit ensoleillé et chaud. Taillez le bident de moitié au
moment de la plantation. Éliminez les fleurs
fanées des rudbeckias à l'occasion. Laissez
sécher le terreau entre les arrosages. L'heuchère peut être replantée en pleine terre à
l'automne.

Variations sur un thème

Afin d'obtenir un arrangement plus doux et
discret, remplacez le rudbeckia hérissé
'Toto' par le zinnia à feuilles étroites 'Crystal
White' (*Zinnia angustifolia* 'Crystal White') et
substituez à la marguerite arbustive 'White
Compact' le cultivar 'Butterfly' (*Argyranthemum frutescens* 'Butterfly').

Pot de 40 cm (16 po) de diamètre

Heuchère 'Cappucino'
(*Heuchera* 'Cappucino') x 1

Pourpier 'Yubi Apricot'
(*Portulaca* 'Yubi Apricot') x 2

Bident
(*Bidens ferulifolia*) x 1

Rudbeckia hérissé 'Toto'
(*Rudbeckia hirta* 'Toto') x 3

Marguerite arbustive 'White Compact'
(*Argyranthemum frutescens* 'White Compact') x 1

Argyranthemum frutescens 'White Compact'
Une plante incontournable pour les plantations en contenants.

Rudbeckia hirta 'Toto'
Un joli cultivar de rudbeckia hérissé qui n'atteint pas plus de 30 cm (12 po) de hauteur.

Heuchera 'Cappucino'
L'étonnant feuillage pourpre de cette heuchère crée un contraste particulièrement frappant avec les fleurs jaunes et blanches.

Bidens ferulifolia
Vous n'avez qu'à tailler cette plante si elle devient envahissante.

Portulaca 'Yubi Apricot'
Comme la plupart des pourpiers, ce cultivar résiste facilement au soleil et à la chaleur très intenses.

une foule d'arrangements   99

Romantisme en mauve et argenté

SOLEIL, MI-OMBRE

On utilise généralement des annuelles pour les plantations en pots. Pour obtenir un effet original, vous pouvez aussi y intégrer des plantes vivaces à croissance rapide comme l'armoise de Steller 'Silver Brocade', au feuillage gris très duveteux. À la fin de la saison, lorsque vous videz vos récipients, plutôt que de jeter ces vivaces, transplantez-les dans une plate-bande.

Entretien

Comme l'armoise peut rapidement supplanter les autres annuelles qui l'accompagnent, il faut contrôler son développement en la taillant. Quant à la scaévola et au brachyscome, taillez-les au moment de la plantation, mais ne perdez pas de temps à éliminer leurs fleurs fanées par la suite.

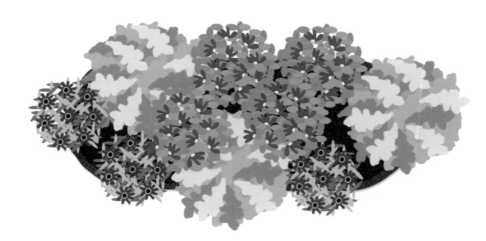

Pot de 25 cm x 65 cm (10 po x 26 po)

 Armoise de Steller 'Silver Brocade'
(*Artemisia stelleriana* 'Silver Brocade') x 3

 Brachyscome à feuilles d'ibéride 'Bravo Deep Blue'
(*Brachyscome iberidifolia* 'Bravo Deep Blue') x 3

 Scaévola 'Blue Fan'
(*Scaevola aemula* 'Blue Fan') x 4

ARTEMISIA STELLERIANA 'SILVER BROCADE'
La croissance très rapide de cette vivace la
porte à retomber gracieusement sur les
bords du contenant.

Dense

SOLEIL

Le jaune et l'orange, couleurs chaudes par excellence, forment un contraste très impressionnant lorsqu'ils sont associés au bourgogne et au pourpre. Ce mariage de couleurs confère toujours beaucoup de puissance et de densité aux plantations. Âmes sensibles s'abstenir. En plus d'un choix de couleurs percutant, plusieurs autres éléments rendent cette boîte à fleurs originale et attrayante. D'abord, la thunbergia, une plante annuelle grimpante, n'est pas tuteurée, ce qui lui permet de retomber joliment le long du contenant. De plus, les feuillages très ornementaux du pennisetum et de la patate douce 'Blackie' donnent beaucoup de volume, d'ampleur et d'opulence à ce petit aménagement.

Entretien

La plupart des verveines retombantes demandent le plein soleil ou la mi-ombre, mais il est préférable que leurs racines poussent dans un sol ombragé et frais, un peu comme l'exigent les clématites. Plutôt que de les planter près du bord, disposez-les vers le centre du contenant de façon que leurs tiges retombent à l'extérieur, mais que leur base soit recouverte par le feuillage des plantes voisines. Comme cette boîte à fleurs contient une quantité importante de plantes, il est nécessaire d'apporter une attention particulière à son entretien. En plus d'assurer une fertilisation soutenue et des arrosages réguliers, il est inévitable de tailler certaines plantes qui envahissent et étouffent les autres. N'oubliez pas d'éliminer régulièrement toutes les fleurs fanées.

Jardinière de 30 cm x 90 cm (12 po x 36 po)

 Rudbeckia hérissé 'Marmalade' (*Rudbeckia hirta* 'Marmalade') x 1

 Mélampodium 'Medaillon' (*Melampodium* 'Medaillon') x 1

 Verveine 'Temari Burgundy' (*Verbena* 'Temari Burgundy') x 3

 Lysimaque rampante 'Aurea' (*Lysimachia nummularia* 'Aurea') x 1

 Patate douce 'Blackie' (*Ipomoea batatas* 'Blackie') x 2

IPOMOEA BATATAS 'BLACKIE'
Le feuillage pourpre très découpé de ce cultivar de patate douce confère un aspect mystérieux aux compositions.

THUNBERGIA ALATA
La thunbergia est une plante grimpante qui produit des petites fleurs orange au cœur noir.

Thunbergia
(*Thunbergia alata*) x 1

Zinnia 'Profusion Orange'
(*Zinnia* 'Profusion Orange') x 3

Pennisetum
(*Pennisetum setaceum*) x 1

PENNISETUM SETACEUM
Lorsque le vent est léger, cette graminée s'anime de gracieux mouvements.

RUDBECKIA HIRTA 'MARMALADE'
Un cultivar de rudbeckia hérissé qui forme de belles fleurs jaunes teintées d'orange.

ZINNIA 'PROFUSION ORANGE'
Ce cultivar de zinnia fleurit sans arrêt pendant tout l'été.

MELAMPODIUM 'MEDAILLON'
Une annuelle peu connue qui pousse très facilement, même lorsqu'elle est exposée au soleil ardent.

LYSIMACHIA NUMMULARIA 'AUREA'
Le feuillage jaune-vert de cette lysimaque est porté par de longues tiges qui retombent hors des contenants.

VERBENA 'TEMARI BURGUNDY'
Ce cultivar de verveine retombant produit une floraison de couleur bourgogne pâle très intense.

une foule d'arrangements   103

Rutilants rudbeckias

Le rudbeckia hérissé (on peut aussi écrire rudbeckie au féminin) est une magnifique plante indigène d'Amérique du Nord, dont les inflorescences sont composées d'une multitude de petites fleurs noires sans pétale formant le cœur et de quelques fleurs possédant un seul pétale jaune au pourtour. Le rudbeckia hérissé (*Rudbeckia hirta*), qu'on retrouve habituellement en plein soleil ou à la mi-ombre dans les champs, est une annuelle mais se comporte bien souvent comme une bisannuelle ou une vivace de courte durée. Une foule de cultivars sont actuellement disponibles sur le marché horticole. Quelques exemples : 'Becky' dont la base des pétales est brun rouille ; 'Goldilocks' aux fleurs doubles, qui atteint à peine 25 cm (10 po) de hauteur ; 'Indian Summer' aux grandes fleurs portées par des tiges robustes, qui peuvent atteindre jusqu'à 90 cm (36 po) de hauteur ; 'Irish Eyes' au cœur vert ; 'Marmalade' aux fleurs jaune orangé ; 'Sonora', dont la base des pétales est brun foncé ; ainsi que 'Toto', qui n'atteint pas plus de 30 cm (12 po) de hauteur. Évitez d'arroser le feuillage de certains cultivars, car ils sont vulnérables à l'oïdium, appelé communément « blanc », une maladie causée par un champignon qui provoque l'apparition d'un feutre blanc grisâtre sur la surface des feuilles. Dès l'apparition des symptômes, traitez la plante en aspergeant son feuillage chaque semaine avec un fongicide à base de soufre.

Rudbeckia hirta 'Indian Summer'.

Rudbeckia hirta 'Toto'.

Rudbeckia hirta 'Irish Eyes'.

Pureté du blanc et du bleu

SOLEIL, MI-OMBRE

PLUMBAGO AURICULATA
Une superbe plante grimpante,
originaire d'Afrique du Sud,
qui forme des fleurs bleu très pâle.

*L*e blanc est probablement une des couleurs les plus mystérieuses qui soient. Au fait, est-ce réellement une couleur? Bien que le blanc semble une absence de couleur, il combine toutes les couleurs qui composent le spectre. Comme c'est le cas pour cet arrangement, les associations de bleu très pâle et de blanc dégagent beaucoup de calme et de fraîcheur. À noter la présence du plumbago du Cap, une plante grimpante qui donne du mouvement et un peu d'ampleur à cette composition.

Entretien

Le plumbago peut être rentré dans la maison une fois l'automne venu. Placez-le dans un endroit ensoleillé et frais. Éliminez toutes ses vieilles tiges et rabattez ses jeunes pousses du tiers vers la fin de l'hiver, en mars, pour qu'il fleurisse abondamment durant l'été suivant.

NIEREMBERGIA REPENS 'MONT BLANC'
Cette petite plante aux fleurs blanches
demande très peu de soins.

Pot de 30 cm (12 po) de diamètre

 Plumbago du Cap
(*Plumbago auriculata*) x 1

 Nierembergia 'Mont Blanc'
(*Nierembergia repens* 'Mont Blanc') x 2

Puissante saturation

SOLEIL

L'utilisation de couleurs saturées, comme dans cette composition, crée toujours un effet vibrant et très intense. Ces couleurs puissantes semblent littéralement bondir hors des contenants et des plantations ; elles ne peuvent se confondre avec le fond de scène. La saturation définit l'intensité de la couleur. Une couleur qui est dans sa forme la plus pure, c'est-à-dire dans sa concentration maximale, est saturée, tandis qu'une couleur insaturée est moins intense, comme si elle avait été diluée avec du blanc.

Pot de 45 cm (18 po) de diamètre

Épiaire
(*Stachys byzantina*) x 1

Pourpier 'Hot Shot Fuchsia'
(*Portulaca* 'Hot Shot Fuchsia') x 2

Anagallis 'Skylover'
(*Anagallis* 'Skylover') x 3

Pétunia 'Surfinia Violet'
(*Petunia* 'Surfinia Violet') x 1

Entretien

Cet arrangement nécessite le plein soleil afin que les plantes qui le composent fleurissent abondamment. Toutefois, pour que cette plantation donne toute sa mesure, le terreau doit rester frais. Par ailleurs, ne maintenez pas le terreau trop humide ; laissez-le se dessécher légèrement entre les arrosages.

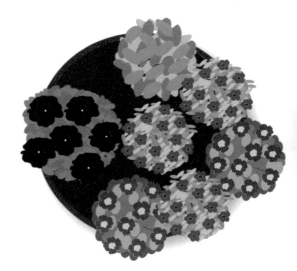

LE JARDINIER RENSEIGNÉ

Bien au sec

Les pourpiers (*Portulaca*) sont des plantes très bien adaptées aux sols sableux situés dans des endroits très ensoleillés, mais ils connaissent également une bonne croissance dans un terreau plus riche. Avec un minimum d'entretien et peu d'arrosages, ils produisent une floraison très abondante. Plusieurs cultivars conviennent parfaitement à la culture en pots. Les séries Hot Shot et Yubi comprennent des plantes dont la couleur des fleurs va du blanc au rouge en passant par le jaune, l'abricot et le rose. La série Duet offre des fleurs bicolores. Par exemple, le cultivar 'Duet Rose' possède des fleurs aux pétales rose vif bordés de jaune.

Portulaca 'Yubi Rose'.

Portulaca 'Duet Rose'.

Portulaca
'Yubi Scarlet'.

PETUNIA 'SURFINIA VIOLET'
Comme pour la plupart
des pétunias retombants,
éliminez très régulièrement
ses fleurs fanées pour
obtenir une floraison
plus abondante.

STACHYS BYZANTINA
Une plante vivace au feuillage gris et
tomenteux qui accompagne bien
les fleurs roses et bleues.

PORTULACA 'HOT SHOT FUCHSIA'
Est-il possible de trouver
des fleurs dont la couleur est plus
saturée que celle-ci ?

ANAGALLIS 'SKYLOVER'
Cette plante produit de magnifiques fleurs
d'un bleu extrêmement intense.

Une composition excentrique

C et arrangement offre un aspect très singulier à cause d'un choix de plantes inédit. D'abord, la présence d'un légume, la betterave 'Bloody Mary', rend la composition étrange et surprenante. Ce feuillage pourpre, très foncé et dense, met en valeur les fleurs roses et violettes qu'il accompagne et impose beaucoup de puissance. Quoique passablement moins florifère que plusieurs variétés de pétunias à fleurs simples, le cultivar 'Doubloon Blue Star' aux étonnantes fleurs doubles apporte lui aussi sa touche d'originalité à l'ensemble.

Entretien

Taillez le pétunia et le brachyscome au moment de la plantation afin de leur assurer une floraison plus abondante. Le pétunia 'Doubloon Blue Star' produit habituellement quelques fleurs simples parmi les doubles.

Variations sur un thème

Au lieu du pétunia 'Doubloon Blue Star', faites l'essai du cultivar 'Marco Polo Traveller' (*Petunia* 'Marco Polo Traveller'). Tout en conservant la betterave 'Bloody Mary', remplacez le plectostachys par l'armoise de Steller 'Silver Brocade' (*Artemisia stelleriana* 'Silver Brocade') et le brachyscome à feuilles d'ibéride 'Bravo Deep Blue' par l'espèce (*Brachyscome iberidifolia*), dont les fleurs sont d'un rose qui tire légèrement sur le mauve.

Pot de 30 cm (12 po) de diamètre

 Pétunia 'Doubloon Blue Star'
(*Petunia* 'Doubloon Blue Star') x 1

 Plectostachys
(*Plectostachys serphyllifolia*) x 1

 Brachyscome à feuilles d'ibéride 'Bravo Deep Blue'
(*Brachyscome iberidifolia* 'Bravo Deep Blue') x 1

 Betterave 'Bloody Mary'
(*Beta vulgaris* 'Bloody Mary') x 1

BETA VULGARIS
'BLOODY MARY'
Un étonnant cultivar de betterave au feuillage
pourpre très foncé presque noir.

BRACHYSCOME IBERIDIFOLIA 'BRAVO DEEP BLUE'
Ce brachyscome ne vous laissera
jamais en panne de fleurs !

PETUNIA
'DOUBLOON BLUE STAR'
Un des nombreux cultivars
de pétunias à fleurs
doubles qui envahissent
présentement le
marché horticole
nord-américain.

PLECTOSTACHYS SERPHYLLIFOLIA
Cette plante remplace avantageusement l'immortelle
à feuillage argenté lorsque l'espace est restreint.

Rouge dominant

SOLEIL, MI-OMBRE

Le rouge est une des couleurs qui influencent le plus nos émotions. Il génère habituellement beaucoup d'enthousiasme et de dynamisme. Symbole de la passion ou du danger, le rouge ne laisse jamais indifférent. Pour atténuer son ardeur, le rouge est marié ici à des fleurs bleues, tirant légèrement sur le rose.

Entretien

En plus de nécessiter un apport d'engrais régulier, cet arrangement demande le plein soleil ou la mi-ombre. Cependant, il est préférable que les racines du calibrachoa plongent dans un sol ombragé et frais. Plutôt que de le planter au bord du pot, placez-le vers le centre, afin que sa base soit recouverte par les autres plantes qui l'accompagnent, mais que son feuillage reste exposé au soleil. Vous pouvez conserver le dracéna pendant plusieurs années en le rentrant à l'intérieur chaque hiver. Placez-le dans un coin frais et ensoleillé, et arrosez-le deux à trois fois par mois.

Pot de 50 cm (20 po) de diamètre

 Agérate 'Blue Horizon'
(*Ageratum houstonianum* 'Blue Horizon') x 5

 Calibrachoa 'Million Bells Cherry Pink'
(*Calibrachoa* 'Million Bells Cherry Pink') x 2

 Chou ornemental 'Nagoya Red'
(*Brassica oleracea* 'Nagoya Red') x 3

 Dracéna ou cordyline
(*Cordyline australis*) x 1

Cordyline australis
Une plante très populaire principalement utilisée pour former l'élément central des compositions en contenants.

Ageratum houstonianum 'Blue Horizon'
Un cultivar d'agérate dont les hampes florales peuvent atteindre jusqu'à 60 cm (24 po) de hauteur.

Brassica oleracea 'Nagoya Red'
Le cœur de ce cultivar de chou ornemental prend une teinte rose pourpré des températures à la fin de la saison.

Calibrachoa 'Million Bells Cherry Pink'
Ce cultivar produit une floraison rouge tirant sur le rose, ce qui contribue à diminuer son impact.

une foule d'arrangements

Doux agérates

Les divers cultivars d'agérates (*Ageratum houstonianum*) produisent de jolies fleurs aux longues étamines qui leur confèrent un aspect duveteux. Au soleil ou à la mi-ombre, ces plantes fleurissent sans arrêt jusque tard à l'automne. Il est parfois difficile de rendre la couleur exacte des fleurs en photographie; c'est pourquoi les descriptions de certaines variétés d'agérates, telles que 'Blue Horizon', qui fait parfois un peu plus de 60 cm (24 po) de hauteur, et 'Hawaii Blue', d'une hauteur

Ageratum houstonianum 'Blue Horizon'.

Ageratum houstonianum 'Red Sea'.

d'à peine 15 cm (6 po), varient beaucoup. Selon certaines personnes, leurs fleurs sont bleues ou bleu lavande, alors que pour d'autres, elles sont bleu rosé ou même mauves. Le meilleur moyen de découvrir leur couleur réelle est de les planter dans votre jardin. On trouve également d'autres cultivars dont les fleurs sont blanches ou roses, comme 'Red Sea' qui produit des fleurs rose très foncé, portées par des tiges qui atteignent environ 60 cm (24 po) de hauteur.

Simplicité classique

MI-OMBRE, OMBRE LÉGÈRE, OMBRE MOYENNE

L'utilisation d'une ou deux espèces végétales dans un pot donne généralement un très bel effet. Cela procure de la sobriété à un arrangement tout en lui conférant un aspect classique. Lorsqu'on s'applique à marier fleurs et feuillages, la composition dégage encore plus de chic. Le contenant en pierre reconstituée utilisé ici ajoute une touche d'élégance à ce magnifique aménagement.

Entretien

Attendez une ou deux semaines après la fin des risques de gel dans votre région pour effectuer la plantation de cet arrangement. Assurez-vous que le terreau reste toujours frais. Éliminez régulièrement les tiges et les feuilles endommagées ou pourries des bégonias, afin d'éviter la propagation éventuelle d'une maladie. Vous pouvez rentrer l'asperge à l'intérieur pour l'hiver. Divisez cette plante tous les deux ou trois ans, au printemps.

Pot de 30 cm (12 po) de diamètre

 Bégonia 'Nonstop White'
(*Begonia* 'Nonstop White') x 2

 Asperge 'Sprengeri'
(*Asparagus densiflorus* 'Sprengeri') x 2

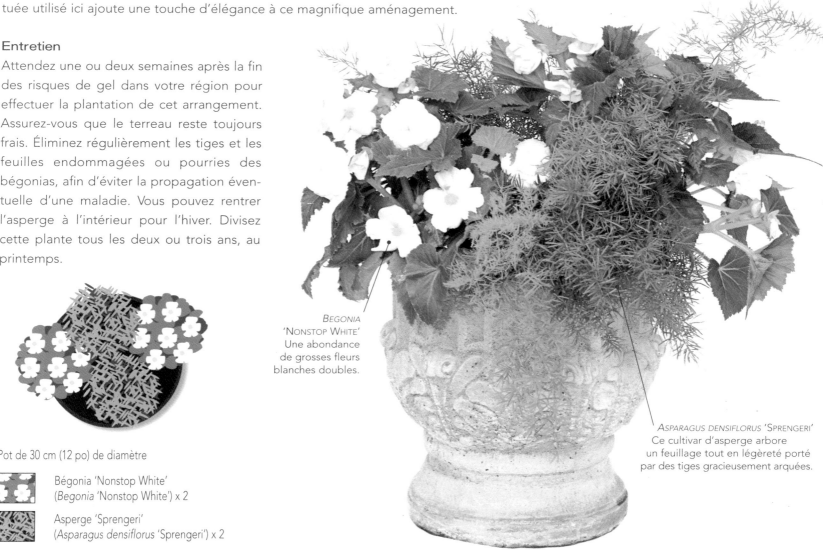

BEGONIA 'NONSTOP WHITE'
Une abondance de grosses fleurs blanches doubles.

ASPARAGUS DENSIFLORUS 'SPRENGERI'
Ce cultivar d'asperge arbore un feuillage tout en légèreté porté par des tiges gracieusement arquées.

Élégance exotique

MI-OMBRE, OMBRE LÉGÈRE

I se dégage énormément d'exotisme de cette composition. Cela est dû en grande partie à la présence du fuchsia arbustif 'Gartenmeister Bonstedt' qui produit une floraison d'allure tout à fait tropicale. L'utilisation de divers feuillages donne aussi de l'exubérance à l'ensemble. Les feuillages jaunes ainsi que les fleurs orange et saumon se marient particulièrement bien au pot de couleur bleu cobalt. Ces couleurs forment un magnifique contraste très stimulant.

Entretien

Ne placez pas cet arrangement à l'ombre trop dense ; certaines plantes qui le composent nécessitent un minimum de trois à quatre heures de soleil par jour pour fleurir adéquatement. Comme cet aménagement est constitué de plusieurs végétaux différents, dont certains sont particulièrement gourmands, il doit être entretenu avec beaucoup de vigilance. Il nécessite une fertilisation soutenue, et les arrosages doivent être effectués de façon régulière, afin que le terreau reste toujours frais.

Pot de 55 cm (22 po) de diamètre

 Fuchsia 'Gartenmeister Bonstedt'
(*Fuchsia* 'Gartenmeister Bonstedt') x 1

 Hosta 'August Moon'
(*Hosta* 'August Moon') x 1

 Lierre commun 'Eva'
(*Hedera helix* 'Eva') x 1

 Bégonia 'Sugar Candy'
(*Begonia* 'Sugar Candy') x 1

 Coléus 'Purple Emperor'
(*Solenostemon scutellarioides* 'Purple Emperor') x 2

 Lysimaque à fleurs congestionnées 'Outback Sunset'
(*Lysimachia congestiflora* 'Outback Sunset') x 1

FUCHSIA 'GARTENMEISTER BONSTEDT'
Un des plus beaux cultivars de
fuchsias arbustifs qui soient.

HOSTA 'AUGUST MOON'
Les hostas s'intègrent toujours
magnifiquement aux arrangements
en pots.

BEGONIA 'SUGAR CANDY'
Un superbe cultivar aux fleurs
de couleur saumon.

SOLENOSTEMON SCUTELLARIOIDES
'PURPLE EMPEROR'
Un cultivar de coléus aux
feuilles pourpre très foncé.

LYSIMACHIA CONGESTIFLORA
'OUTBACK SUNSET'
Le feuillage jaune panaché
de vert et la floraison jaune
de cette plante forment un
superbe contraste avec les
feuillages pourpres.

HEDERA HELIX 'EVA'
Ce cultivar de lierre commun
aux feuilles vertes panachées
de crème confère une certaine
légèreté à la composition.

Fuchsias arbustifs

La plupart des cultivars de fuchsias sont retombants. C'est dans les paniers suspendus qu'on utilise principalement ces plantes aux longues tiges gracieuses portant une multitude de fleurs. Il est toutefois possible de trouver sur le marché horticole des fuchsias dont le port est plutôt érigé. Ces fuchsias arbustifs peuvent donc être plantés en pots pour former l'élément central de certaines compositions. Outre le cultivar 'Gartenmeister Bonstedt', aux longues fleurs orangées, on retrouve 'Traudchen Bonstedt', aux fleurs très semblables à celles du précédent mais de couleur pêche, ainsi que 'Mary', aux fleurs allongées rouge écarlate. Certaines variétés, comme 'Chekerboard' et 'Papoose', peuvent former de grands arbustes ou être élevées sur tige. Finalement, je vous suggère fortement d'essayer le *Fuchsia magellanica* 'Aurea', dont le magnifique feuillage doré met en valeur les fleurs aux sépales roses et à la corolle bleu violacé.

Comme les cultivars retombants, les fuchsias arbustifs nécessitent une fertilisation soutenue et un terreau constamment frais. Un emplacement où il y a une bonne fraîcheur, à la mi-ombre ou à l'ombre légère, leur convient parfaitement ; ils tolèrent plus de soleil, à condition que leur terreau ne se dessèche jamais et qu'ils soient protégés des rayons brûlants du soleil d'après-midi. Vous pouvez conserver vos fuchsias arbustifs de nombreuses années en les rentrant dans la maison tous les ans, en septembre, avant les premiers gels. Sous un éclairage artificiel ou devant une fenêtre faisant face au sud, dans une pièce assez fraîche (jamais plus de 18 °C), ils peuvent même continuer à fleurir une partie de l'hiver. Vérifiez-les régulièrement pour être sûr qu'ils ne sont pas infestés d'aleurodes ou d'autres insectes, et traitez-les au besoin. Taillez-les de moitié lorsque leur floraison est terminée ou à la fin de l'hiver, afin de stimuler la formation des nouvelles pousses qui porteront les fleurs.

Fuchsia 'Papoose'.

Fuchsia 'Mary'.

Fuchsia magellanica 'Aurea'.

Fuchsia 'Chekerboard'.

Lumière dans la pénombre

MI-OMBRE, OMBRE LÉGÈRE, OMBRE MOYENNE

Dans un endroit ombragé, cette vive composition fait l'effet d'un rayon de soleil. Elle est illuminée par les fleurs jaune très vif du bégonia 'Nonstop Yellow'. En mettant en valeur ces fleurs jaunes, le feuillage rouge pourpré du coléus 'Wizard Scarlet' contribue à les rendre encore plus intenses.

Entretien

Attendez une à deux semaines après la fin des risques de gel dans votre région pour effectuer la plantation de cet arrangement. Une température inférieure à 5 °C pendant quelques jours peut affecter irrémédiablement les bégonias tubéreux. Placez cet arrangement dans un endroit bien protégé des vents. Pincez à quelques reprises les nouvelles pousses du coléus, afin qu'il forme une plus grande quantité de ramifications, ce qui a pour effet de densifier son feuillage. Maintenez le terreau constamment frais.

SOLENOSTEMON SCUTELLARIOIDES 'WIZARD SCARLET'
Un cultivar de coléus très populaire au feuillage rouge pourpré dont les marges sont vertes.

BEGONIA 'NONSTOP YELLOW'
Un bégonia tubéreux à la floraison jaune extrêmement abondante.

LYSIMACHIA NUMMULARIA 'AUREA'
Cette plante vivace peut être transplantée au jardin à l'automne pour être réutilisée l'année suivante.

Pot de 35 cm (14 po) de diamètre

 Coléus 'Wizard Scarlet'
(*Solenostemon scutellarioides* 'Wizard Scarlet') x 1

 Bégonia 'Nonstop Yellow'
(*Begonia* 'Nonstop Yellow') x 2

 Lysimaque rampante 'Aurea'
(*Lysimachia nummularia* 'Aurea') x 3

Deuxième partie

Annuelles en plates-bandes

◄ Une association hallucinante composée de *Canna* 'Tropicanna', dont les grandes feuilles vert foncé sont striées de jaune, d'orange et de pourpre, de *Pennisetum setaceum* 'Rubrum', de *Solenostemon scutellarioides* 'Purple Emperor', ainsi que de *Verbena bonariensis*, aux superbes fleurs violet clair.

Une plantation parfaite

La plantation des annuelles dans les plates-bandes diffère énormément de celle effectuée en contenants. Les plantes n'étant pas limitées par les parois d'un pot, leurs racines peuvent facilement explorer le sol, ce qui rend leur culture beaucoup moins exigeante. Cependant, la plantation des annuelles en pleine terre doit être faite avec beaucoup de soin afin qu'elles connaissent une croissance vigoureuse et une floraison de qualité.

Diverses présentations

Actuellement, la plupart des plantes annuelles sont vendues en boîtes de styromousse, appelées communément « caissettes », ou en pots de plastique individuels. Bien qu'on retrouve une sélection de plus en plus impressionnante d'annuelles sur le marché horticole, certaines jardineries offrent un choix relativement limité. Vous chercherez souvent en vain certains cultivars. Il faudra donc les propager vous-même à partir de semences ou de boutures. Si vous manquez de temps, d'espace ou de patience pour faire vos propres semis, certains pépiniéristes peuvent les préparer pour vous, à condition que vous les commandiez assez tôt à l'automne. Si vous formez un groupe avec des amis ou avec les membres d'une société d'horticulture, votre pépiniériste pourra vous offrir un meilleur service et des prix plus avantageux. Rappelez-vous par ailleurs qu'une foule de plantes que nous traitons comme des annuelles, mais qui sont en fait des vivaces, peuvent être rentrées dans la maison durant l'hiver et replantées dehors le printemps suivant. Certaines de ces plantes peuvent être cultivées à l'intérieur; pour multiplier les autres, il est préférable de conserver des boutures ou encore les bulbes, rhizomes et tubercules.

Nicotine 'Lime Green'
(*Nicotiana* 'Lime Green').

Planter au moment opportun

Il est temps de planter la plupart des annuelles lorsqu'il n'y a plus aucun risque de gel dans votre région. À Montréal et dans les environs, vous pouvez effectuer les plantations à partir du 15 mai. Dans les régions de Drummondville, de Granby, de Hull, de Saint-Jérôme et de Trois-Rivières, il est préférable d'attendre une dizaine de jours plus tard, soit vers le 25 mai. À Québec, à Sherbrooke, ainsi que dans les régions de la Beauce et du Bas-du-Fleuve, les annuelles peuvent être mises en terre vers la fin du mois de mai. Dans les régions plus nordiques, attendez au début de juin ou même à la mi-juin pour effectuer vos plantations.

Terre saine

Le terreau idéal pour la plantation de la plupart des annuelles est constitué d'une moitié de terre de votre plate-bande (si elle est de mauvaise qualité, remplacez-la par de la terre à jardin brune), d'une moitié de compost et d'os moulus. Un terreau dont le pH se situe entre 6,0 et 7,5 convient à la culture de la plupart des annuelles. En améliorant la qualité structurale du sol, le compost assure une rétention adéquate de l'air, de l'eau et des éléments nutritifs. Quant aux os moulus, ils constituent une source de phosphore qui est un élément nutritif essentiel au bon enracinement et à une floraison adéquate des plantes; il en faut environ 15 ml (1 c. à table)

Nigelle de Damas 'Miss Jekyll' (*Nigella damascena 'Miss Jekyll'*).

Où les trouver ?

Après avoir lu ce livre, vous souhaiterez, je l'espère, vous procurer certaines plantes qui y sont présentées. Je sais que vos recherches seront parfois assez ardues. Il est même possible que vous ne trouviez tout simplement pas la plante convoitée. J'entends d'ici certains pépiniéristes vous dire : « Désolé, on n'a pas ça », ou bien : « Ça n'existe pas » ou pire encore : « Dans les livres et les revues, ils disent n'importe quoi. » Malheureusement, bien des commerçants se contentent de vendre des variétés standard sous prétexte que c'est ce que les gens aiment et ce qui se vend le mieux.

« Pourquoi alors présenter des plantes aussi rares et aussi difficiles à trouver ? » me direz-vous. Je crois essentiel de proposer des végétaux inusités, méconnus ou nouvellement introduits sur le marché, afin de stimuler notre créativité et de faire évoluer notre façon de jardiner. Rien n'est plus ennuyeux qu'un aménagement qui ressemble à tous les autres. L'intégration de plantes originales et peu utilisées est un excellent moyen de personnaliser un jardin et de lui donner une ambiance qui lui est propre.

Les cultivars que je vous suggère, vous vous en doutez bien, je ne les invente pas; on les retrouve tous sur le marché horticole nord-américain. Pour me procurer toutes les plantes nécessaires à la réalisation des arrangements en contenants qui se trouvent en première partie de ce livre, j'ai dû m'approvisionner dans pas moins de neuf jardineries et pépinières différentes. Heureusement, toutes les plantes dont j'avais besoin étaient vendues en pots; je n'ai donc eu aucun semis à faire. À mon avis, la recherche des végétaux fait partie du plaisir de jardiner. La découverte d'une plante rare est toujours très gratifiante, mais c'est une plus grande joie encore de la faire connaître à d'autres jardiniers.

par plant. La dose peut augmenter à 30 ml (2 c. à table) dans le cas de plantes dont la motte a un diamètre supérieur à 15 cm (6 po). Comme le phosphore est un élément peu mobile, assurez-vous de bien mélanger les os moulus à la terre et au compost. Pour stimuler davantage la floraison de certaines plantes, vous pouvez aussi leur fournir du sulfate de potassium et de magnésium, mieux connu sous l'appellation commerciale de Sul-Po-Mag. Ce produit naturel doit être appliqué à raison d'environ 5 ml (1 c. à thé) par plant.

À vos marques ! Prêt ? Plantez !

Il existe plusieurs façons de planter les annuelles. La première méthode que je vous propose est surtout utilisée pour intégrer des plantes annuelles à une plate-bande de vivaces déjà existante. Chaque trou de plantation doit avoir une largeur équivalente à deux fois le diamètre de la motte de l'annuelle à planter et une profondeur équivalente à une fois et demie la hauteur de la

La truelle est l'outil idéal pour la plantation d'annuelles dans une terre meuble.

motte. Dans une plate-bande située à l'ombre, où la compétition racinaire est très importante, il faut ménager des fosses de plantation plus larges, et prendre bien soin d'éliminer toutes les radicelles qui s'y trouvent. Comme le sol est habituellement très pauvre à cause de la présence des arbres, il est nécessaire de remplacer la terre extraite des trous par une partie de terre brune à jardin mélangée à trois parties de compost, sans oublier d'y ajouter des os moulus.

La seconde méthode s'applique aux plantations composées uniquement d'annuelles. Cette technique consiste à préparer l'ensemble de la superficie d'une plate-bande en bêchant la terre à une profondeur d'environ 20 cm à 30 cm (8 po à 12 po) à l'aide d'une bêche ou d'un rotoculteur. Les amendements et les engrais peuvent ensuite être mélangés directement dans chacun des trous de plantation. Toutefois, si vous choisissez d'incorporer le compost à l'ensemble de la plate-bande, vous devez en épandre environ 5 kg par m^2 (10 lb par 10 pi^2), soit approximativement 2,5 cm (1 po) d'épaisseur. Il faut aussi épandre 2 kg d'os moulus par 10 m^2 (4 lb par 100 pi^2) ainsi que 500 g de sulfate de potassium et de magnésium par 10 m^2 (1 lb par 100 pi^2).

Après avoir comblé la fosse, tassez le terreau autour de la plante avec le bout de vos doigts sans trop le compacter. Chaque plant doit être disposé de façon que son collet, endroit où la tige devient racine, soit situé à la même hauteur que le niveau du sol de la plate-bande. Arrosez abondamment tout de suite après la plantation.

Dans un sol dur et compact, la truelle ne convient habituellement pas. Je vous suggère alors d'utiliser une pelle ronde de petite dimension, qui vous permettra de creuser des trous de la grandeur adéquate.

Gardez vos distances

Il est important de laisser un certain espace entre les annuelles afin qu'elles puissent connaître une croissance et un développement optimaux. Les végétaux qui sont plantés trop serré se dégarnissent et s'étiolent rapidement. Les distances de plantation sont indiquées sur la majorité des étiquettes des plantes que vous achetez. Si l'information n'y est pas, vous pouvez la trouver dans certains catalogues.

Il faut tenir compte de l'étalement, de la largeur et du diamètre d'une plante pour déterminer la distance de plantation. Par exemple, si vous utilisez le *Zinnia* 'Profusion Orange', qui atteint environ 30 cm (12 po) de largeur, vous devez disposer les plants à une distance de 30 cm les uns des autres. Si vous désirez planter ce même zinnia à côté du *Rudbeckia hirta* 'Marmalade', qui atteint 45 cm (18 po) de largeur, vous devez effectuer un petit calcul. Additionnez la distance de plantation du zinnia (30 cm) à la distance de plantation du rudbeckia (45 cm) et divisez cette somme par 2. Vous obtenez la formule suivante : (30 cm + 45 cm) ÷ 2 = 37,5 cm. Vous devez alors placer ces deux cultivars à 37,5 cm (15 po) de distance l'un de l'autre.

Si vous désirez que les plantes se touchent plus rapidement et qu'elles s'entremêlent pour donner un effet naturel, vous pouvez enlever 5 cm à 10 cm (2 po à 4 po) à la distance de plantation idéale.

Attention ! Plantes fragiles

Certaines plantes, comme les gloires du matin (*Ipomoea tricolor*), ne tolèrent pas que leurs racines soient dérangées. C'est pourquoi elles sont souvent vendues dans des pots de tourbe de sphaigne, qu'il faudra retirer au moment de la plantation, tout comme les contenants de carton, de plastique ou de styromousse. Pour ne pas briser la motte de terre et risquer d'endommager les racines, enlevez le fond du contenant avant de le placer dans le trou de plantation. Découpez ensuite les côtés, puis retirez-les après avoir recouvert la motte de terre jusqu'à la moitié.

Lorsque vous retirez les plantes de leur pot, vérifiez le bon état des racines. Il faut étaler ou couper celles qui s'enroulent autour de la motte et tailler celles qui sont brisées ou mortes, afin de favoriser une bonne cicatrisation.

Zinnia élégant
'Short Stuff Red'
(*Zinnia elegans*
'Short Stuff Red').

Aux petits soins

Contrairement aux végétaux cultivés en contenants, qui requièrent des soins particulièrement intensifs, les annuelles plantées dans les plates-bandes nécessitent relativement peu d'entretien. Comme le volume de terre dont disposent ces dernières est beaucoup plus important que dans un pot, elles ont besoin de passablement moins d'eau et d'éléments nutritifs.

Petit supplément

Le compost, les os moulus ainsi que le sulfate de potassium et de magnésium mélangés à la terre lors de la plantation fournissent les éléments nutritifs nécessaires à la croissance et au développement de la majorité des annuelles. Il n'est donc pas nécessaire de leur donner une fertilisation supplémentaire durant l'été. Seules les plantes très exigeantes ou celles qui sont soumises à des conditions stressantes, comme les annuelles qui sont en compétition avec les racines des arbres, peuvent parfois exiger un petit supplément.

Si vous devez effectuer une fertilisation dans une plate-bande, il est préférable que vous n'employiez pas d'engrais solubles comme ceux utilisés pour les cultures en pots. Une fois dans le sol, une grande partie des éléments nutritifs contenus dans ces fertilisants est lessivée par l'eau des pluies et des arrosages. Après quelques jours seulement, ces nutriments se retrouvent dans la nappe phréatique ou dans nos cours d'eau. Très riches en nitrates et en phosphates, les engrais solubles constituent une grande source de pollution. Je suggère plutôt d'utiliser un fertilisant à dégagement lent; les éléments nutritifs qui le composent sont habituellement assimilés en plus grande quantité par les plantes, parce qu'ils sont moins facilement lessivés.

Un engrais de synthèse à dégagement lent, riche en phosphore et en potassium, convient parfaitement à la plupart des annuelles cultivées pour leurs fleurs. Vous pouvez aussi choisir un fertilisant naturel dont la formule présente un rapport de 1,5-2-2. Vous devez épandre tous ces engrais au plus tard deux à trois semaines après la plantation, en vous assurant de bien respecter la posologie. Il est également très bénéfique de donner des algues liquides aux annuelles gourmandes ou soumises à des conditions difficiles. Ce produit étonnant fournit aux plantes une quantité impressionnante d'éléments nutritifs. Mélangez 2,5 ml (½ c. à thé) d'algues liquides à 1 litre d'eau et aspergez, une à deux fois durant

Bien que les besoins en éléments nutritifs de la plupart des annuelles soient amplement satisfaits par un simple apport de compost, d'os moulus et de Sul-Po-Mag au moment de la plantation, certaines plantes particulièrement voraces ou soumises à des conditions difficiles peuvent exiger une fertilisation supplémentaire.

Frais ou humide ?

Dans ce document, j'utilise régulièrement les termes frais et humide pour caractériser certains sols. Lorsqu'on presse une terre humide dans la main, il en ressort plusieurs gouttes d'eau qui se joignent pour couler en un mince filet. Au contraire, lorsqu'on presse un terreau frais, il ne dégage pratiquement aucune goutte d'eau. Cependant, à son contact, on sent une certaine fraîcheur ; sa température est plus basse que la température ambiante. Cette fraîcheur indique qu'il contient une certaine quantité d'eau. Que ce soit dans une plate-bande ou un contenant, une façon simple et efficace de maintenir un sol frais est de le recouvrir d'un paillis organique, comme des morceaux d'écorce de cèdre, des écales de cacao ou des feuilles mortes déchiquetées.

Coléus 'Inky Fingers' (*Solenostemon scutellarioides* 'Inky Fingers'), coléus 'Wizard Jade' (*Solenostemon scutellarioides* 'Wizard Jade') et Fuchsia 'Gartenmeister Bonstedt' (*Fuchsia* 'Gartenmeister Bonstedt').

l'été, le terreau et le feuillage de cette solution, tôt le matin ou par temps couvert.

Essentielle eau

L'arrosage est probablement l'une des tâches les plus complexes à effectuer au jardin. Le meilleur moment pour arroser est le matin au lever du soleil. Lorsque vous arrosez le soir, l'eau qui séjourne sur le feuillage de certaines plantes sensibles favorise la prolifération de maladies fongiques durant la nuit. Si vous arrosez le matin, l'eau est disponible lorsque les plantes en ont le plus besoin, c'est-à-dire au milieu de la journée.

Durant les mois de juillet et d'août, la plupart des annuelles situées dans les plates-bandes exposées au plein soleil nécessitent environ 2,5 cm (1 po) d'eau par semaine. Au printemps et à l'automne, compte tenu des pluies plus abondantes, vous pouvez diminuer les arrosages. Cependant, les plantes annuelles qui sont bien adaptées aux sols secs et sableux, tels les divers cultivars de pavots de Californie (*Eschscholzia californica*), de gazanias (*Gazania*) et de pourpiers (*Portulaca*), doivent être arrosées beaucoup moins souvent et tolèrent même une sécheresse assez prolongée. Par ailleurs, si vos végétaux sont situés à l'ombre des arbres, vous devez leur fournir au moins 3,5 cm (1 ½ po) d'eau par semaine. Les plantes annuelles croissant en milieu ombragé doivent être davantage arrosées, parce qu'elles sont en compétition directe avec les racines des arbres pour l'absorption de l'eau.

Afin de donner la dose adéquate, vous n'avez qu'à placer sous le jet de votre arrosoir un contenant vide — une boîte de conserve en métal est l'article idéal — que vous aurez préalablement gradué à l'aide d'une règle et d'un crayon à encre indélébile. Lorsque l'eau atteint la marque de 2,5 cm ou 3,5 cm, cessez d'arroser. Pour que vos annuelles forment des racines profondes et ramifiées, il est préférable d'arroser une seule fois par semaine ou deux fois, tout au plus, en période de canicule. Si vous procédez à des arrosages trop fréquents, les plantes formeront des racines superficielles et résisteront moins bien à la sécheresse et aux autres situations stressantes.

Tuteurage

Rien n'est plus décourageant que de voir tous les efforts investis dans la réalisation d'un jardin anéantis par un seul coup de vent. Heureusement, une grande partie des annuelles sont relativement basses et n'ont pas tendance à s'écraser au sol. Contrairement à plusieurs vivaces, elles demandent donc peu de tuteurage. Quelques rares annuelles ont parfois besoin d'un support.

Une première technique, qui convient aux très grandes annuelles, comme les tournesols (*Helianthus annuus*), consiste à tuteurer ces plantes quelques semaines avant le début de leur floraison. Placez un tuteur pour chacune des tiges florales et fixez une attache à environ 15 cm à 20 cm (6 po à 8 po) sous la hauteur présumée de la fleur. Cette attache peut être constituée d'une bande

de tissu ou d'un bout de vieux bas de nylon, un matériau extensible. En utilisant un autre matériau, on risque de trop serrer la tige, ce qui pourrait l'endommager et nuire à sa croissance.

Une deuxième technique concerne les plantes annuelles qui sont un peu plus basses et touffues, comme certains cultivars de fuchsias arbustifs (*Fuchsia*), ainsi que quelques grandes variétés de sauges (*Salvia*) et de tournesols mexicains (*Tithonia rotundifolia*). Autour de ces plantes, disposez trois ou quatre piquets en les ancrant assez profondément dans le sol (au moins à 30 cm de profondeur). Installez-les tôt en saison, quelques semaines après la plantation. Reliez ensuite ces piquets avec une corde de nylon résistante. Tendez une première corde à environ 30 cm (12 po) du sol, puis une seconde à environ 15 cm à 20 cm (6 po à 8 po) sous la hauteur présumée des fleurs. Durant les semaines suivantes, orientez toutes les tiges rebelles à l'intérieur de ces cordes.

Si vous ne voulez pas tuteurer certaines de vos plantes, vous pouvez les placer près de vivaces solides ou d'arbustes qui les soutiendront très convenablement. Finalement, il est très important de ne pas surfertiliser vos annuelles et de vous assurer qu'elles soient parfaitement adaptées au milieu où vous les plantez, afin d'éviter qu'elles développent des tiges trop longues et molles qui risquent de s'affaisser.

La première qualité d'un bon tuteur est de ne pas être visible et de se confondre avec le feuillage. Utilisez donc des tuteurs discrets et minces, mais solides, de couleur verte ou noire.

Certains arbustes peu rustiques, comme le buddléia (*Buddleia davidii*), aussi appelé arbuste à papillons, peuvent être traités comme des plantes annuelles dans certaines régions de l'est du Canada.

Des problèmes ?... Des solutions !

Vous le savez comme moi, les maladies, les insectes nuisibles et certains petits mammifères — je pense surtout ici à ces foutus écureuils — viennent bien souvent à bout de notre patience et de nos ressources. Plutôt que de vous limiter à intervenir lorsqu'il y a un problème, je vous suggère donc de faire de la prévention en utilisant des méthodes de culture appropriées, comme celles que je vous propose dans ce livre. Si vous maintenez le sol et les plantes en bonne santé, votre jardin se défendra bien mieux contre tous ces envahisseurs.

Par ailleurs, je suis persuadé qu'un peu de tolérance envers les animaux et les insectes qui fréquentent notre jardin permet d'aborder ces problèmes avec plus de calme et un meilleur jugement. Il faut toujours garder en tête que beaucoup de pesticides, qu'ils soient d'origine naturelle ou synthétique, ont une grande incidence sur notre environnement. Plusieurs de ces produits tuent non seulement l'insecte néfaste, mais également une foule d'autres insectes utiles comme les abeilles. Grande source de pollution et cause de plusieurs problèmes de santé chez les humains et les animaux, les pesticides doivent, à mon avis, être utilisés en dernier recours.

Limaces si laides

Avec leur corps mou de couleur brun grisâtre, les limaces ressemblent à des escargots sans coquille. Bien qu'elles se nourrissent principalement de feuillage en décomposition, elles s'attaquent également aux plantes dont les feuilles sont saines et tendres. Les limaces s'alimentent surtout durant la nuit, par temps humide, laissant une multitude de trous dans les feuilles.

Afin de prévenir les invasions de limaces, ne laissez dans le jardin aucun débris sous lequel elles pourraient se cacher durant le jour. Enlevez minutieusement toutes celles que vous dénichez dans le feuillage et sur le sol à la base des végétaux. Confectionnez ensuite une large barrière de matériaux irritants au pied de leurs annuelles préférées. Vous pouvez utiliser des coquilles d'œufs broyées, des cendres de bois ou de la chaux — que vous devrez cependant renouveler après chaque pluie —, mais la barrière la plus efficace est constituée d'aiguilles mortes de genévrier de Chine 'Mountbatten' (*Juniperus chinensis* 'Mountbatten').

Pas du mildiou, de l'oïdium

Le blanc est causé par un champignon qui provoque l'apparition d'un feutre blanc grisâtre sur la surface des feuilles des végétaux. Il s'agit de l'oïdium qu'on appelle à tort mildiou. Quelques annuelles, certaines variétés de rudbeckias hérissés (*Rudbeckia hirta*) ainsi que la plupart des cultivars de zinnias élégants (*Zinnia elegans*), sont particulièrement sensibles au blanc.

On peut d'abord prévenir cette maladie en plantant les végétaux qui y sont sensibles à une bonne distance des autres plantes, dans un endroit bien aéré et toujours ensoleillé. Évitez de laisser ces végétaux se dessécher ou de trop arroser leurs feuilles. Dès l'apparition du blanc, traitez les plantes atteintes en aspergeant leur feuillage chaque semaine avec une solution constituée de 3 litres (12 tasses) d'eau tiède et de 15 ml

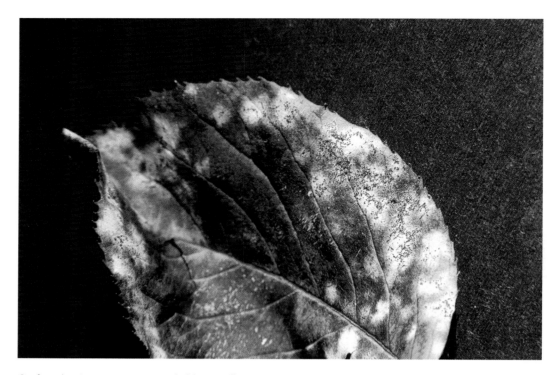

Sauf en de très rares exceptions, le blanc n'affecte pas une plante au point de la tuer, mais il la rend à coup sûr très inesthétique, diminue sa croissance et peut causer la chute prématurée de ses feuilles et de ses fleurs.

(1 c. à soupe) de bicarbonate de soude. Par temps ensoleillé, cette solution peut brûler le feuillage; il est donc recommandé de l'appliquer par temps frais et couvert ou tôt le matin. Vous pouvez également utiliser un fongicide à base de soufre.

Méchants écureuils

C'est bien connu, les écureuils font parfois de sérieux ravages dans nos jardins. Combien de fois les ai-je surpris à saccager avec le plus grand plaisir mes plates-bandes fraîchement plantées ! Pour leur indiquer que l'endroit est réservé aux fleurs, placez tout simplement un grillage de métal par-dessus

vos jeunes plantes. Vous pouvez également asperger d'un répulsif le sol et les végétaux, là où ils ont l'habitude de faire des dégâts. Passez 2 ou 3 piments forts au robot culinaire en y ajoutant 500 ml (2 tasses) d'eau. Laissez macérer ce mélange quelque temps avant de l'utiliser. Faites d'abord un essai en vaporisant le produit sur une ou deux feuilles de quelques plantes afin de vous assurer qu'elles le tolèrent. Habituellement, les écureuils sentent le mélange de loin et ne sont pas tentés de s'aventurer dans les plates-bandes. Si, par mégarde, un animal trop curieux s'y frotte la patte ou la langue, la sensation de brûlure le saisira suffisamment pour le rappeler à l'ordre, sans pour autant le blesser.

Forficules ou perce-oreilles

Les forficules, appelés communément perce-oreilles, sont facilement reconnaissables avec leur corps brun et allongé qui se termine par une paire de pinces. Bien qu'ils soient omnivores et s'attaquent à certains insectes nuisibles, ils se nourrissent également des fleurs et du feuillage tendre des dahlias (*Dahlia*) ainsi que des chrysanthèmes (*Chrysanthemum* x *morifolium*). Certaines années, les forficules sont particulièrement abondants et causent des dommages à une plus vaste gamme de végétaux. Ces insectes se nourrissent surtout la nuit.

Afin de prévenir leur apparition, assurez-vous de ne laisser dans le jardin aucun débris sous lequel les forficules pourraient se dissimuler durant le jour. Près des plantes attaquées, vous pouvez placer des pots retournés remplis de paille ou de feuilles mortes, qui feront office de pièges. Chaque matin, secouez ces contenants au-dessus d'un seau rempli d'eau chaude savonneuse dans laquelle les insectes se noieront.

Sacrés pucerons

Les pucerons sont de petits insectes en forme de poire, habituellement de couleur verte, rose, noire ou grise, qui mesurent à peine quelques millimètres de longueur. Ils s'attaquent à une foule d'espèces végétales. Chez les annuelles, quoiqu'on les retrouve sur une vaste gamme de plantes, ils infestent

Les pucerons sucent la sève des végétaux, ce qui provoque une diminution de leur croissance et de leur floraison, sans toutefois mettre leur survie en péril.

Avant de rentrer

Quelques précautions s'imposent pour que vos plantes qui ont passé l'été à l'extérieur ne vous donnent pas de soucis une fois rentrées pour l'hiver. Placez d'abord tous ces végétaux durant une ou deux semaines dans un endroit bien isolé — un garage, une pièce bien fermée — pour éviter toute contamination des autres plantes de la maison. Vérifiez tous les jours si elles hébergent des insectes nuisibles. Si c'est le cas, vaporisez à quelques reprises le terreau et le feuillage avec un savon insecticide ou un insecticide à base de pyrèthre ou de roténone. Si une de vos plantes est gravement infestée, enlevez toutes ses feuilles et remplacez la terre de surface, puis appliquez un insecticide avant de la rentrer dans la maison. Les feuilles de plusieurs végétaux, comme les hibiscus (*Hibiscus rosa-sinensis*) et les lauriers (*Nerium oleander*), repoussent très rapidement après un tel traitement.

surtout les pétunias (*Petunia*) et les nicotines (*Nicotiana*).

Vous pouvez prévenir les invasions de pucerons en maintenant vos végétaux en santé et en vous assurant surtout de ne pas leur donner une fertilisation trop riche en azote. Lorsqu'il y a une infestation, essayez tout d'abord d'éliminer le plus de pucerons possible à la main ; ensuite, arrosez les plantes à quelques reprises avec un jet d'eau puissant pour déloger les plus récalcitrants. Vous pouvez également tailler les tiges très infestées. Si le problème persiste, vaporisez du savon insecticide deux à trois fois par semaine pendant deux semaines. Vous pouvez également employer un insecticide à base de pyréthrine, à deux reprises. Il faut l'appliquer très tôt le matin ou après le coucher du soleil pour éviter de tuer les abeilles et les guêpes qui se nourrissent du miellat, une substance sucrée sécrétée par ces sacrés pucerons. Évitez de vaporiser le savon ou la pyréthrine directement sur les fleurs.

Invitez-les !

Plusieurs insectes, telles les coccinelles et les araignées, sont très bénéfiques au jardin. Ils contrôlent les populations d'insectes nuisibles. Une seule coccinelle adulte peut bouffer près de 400 pucerons en un mois. Invitez donc ces petites gourmandes à séjourner chez vous en plantant des végétaux de la famille des ombellifères, comme l'aneth (*Anethum graveolens*), l'achillée millefeuille (*Achillea millefolium*) et la tanaisie (*Tanacetum vulgare*), ainsi que la menthe (*Mentha*) et d'autres représentants de la famille des labiées. Certains cultivars de cosmos (*Cosmos bipinnatus*) semblent également les attirer.

Un mariage complètement hallucinant entre la célosie 'New Look' (*Celosia argentea* 'New Look' [groupe Plumosa]) et l'artichaut (*Cynara cardunculus*).

Des plantes heureuses

Plusieurs conditions sont nécessaires à la réussite d'un jardin. Le choix des végétaux est un des éléments qui ont le plus d'influence sur l'aspect et l'entretien d'un aménagement paysager. Un jardin composé de plantes dont les besoins culturaux et environnementaux sont semblables est non seulement plus facile à maintenir en bon état, mais il a également une allure plus cohérente et plus harmonieuse.

Bien adaptées

Il est toujours possible de modifier les caractéristiques d'un terrain de façon à créer des conditions optimales pour cultiver une plus grande variété de végétaux. Par exemple, le drainage d'un sol permet de diminuer son taux d'humidité et le rend plus facile à travailler. On peut aussi aplanir les pentes et éliminer les rochers à l'aide de machinerie lourde. Certains vont même jusqu'à couper des arbres pour obtenir plus d'ensoleillement… Bien sûr, la plupart des travaux visant à améliorer la qualité d'un sol ou à diminuer l'impact des vents sont relativement simples à effectuer, mais il reste que l'investissement de temps, d'énergie et d'argent nécessaire à la plupart des modifications est généralement démesuré par rapport aux résultats recherchés.

Personnellement, je suis d'avis qu'il est préférable de respecter les conditions environnementales lors de la création d'un jardin. L'intégration de ces éléments représente certainement un grand défi, qui peut même parfois paraître insurmontable. En fait, les pentes, les rochers, les boisés et les sols détrempés d'un site présentent un énorme potentiel et peuvent se révéler d'intéressants points de départ pour la réalisation d'un aménagement paysager. Tous ces éléments personnalisent un jardin et lui donnent toute sa beauté et son originalité.

En utilisant des plantes parfaitement adaptées à l'ensoleillement et au type de sol de votre terrain, vous augmentez vos chances de créer le jardin de vos rêves, un jardin réussi.

Sécheresse

Certains environnements, comme les plates-bandes adossées aux murs qui font face au sud, offrent des conditions assez éprouvantes pour bien des végétaux. Les abords des piscines creusées ainsi que les sols en pente font également partie des endroits où l'ensoleillement et la sécheresse sont particulièrement intenses. Il est toutefois possible de tirer profit de ces situations problématiques. L'utilisation de plantes annuelles bien adaptées à ce genre d'environnement est probablement la façon la plus simple et la plus efficace d'aborder le problème.

Plusieurs annuelles sont parfaitement bien adaptées aux sols sableux et secs, situés en plein soleil. Certains végétaux au feuillage très épais, comme les cultivars de ficoïdes (*Dorotheanthus*), de gazanias (*Gazania*) et de pourpiers (*Portulaca*), s'adaptent aux pires conditions, là où les autres plantes déclarent habituellement forfait. Bien qu'elles ne soient pas aussi tolérantes, d'autres annuelles peuvent aussi résister à une certaine sécheresse ; c'est le cas des divers cultivars de cosmos (*Cosmos bipinnatus* et *C. sulphureus*), de gomphrénas (*Gomphrena globosa*), de coquelicots (*Papaver rhoeas*), de pavots somnifères (*Papaver somniferum*) et de tagètes (*Tagetes*).

La plupart des plantes adaptées aux sols secs et pauvres demandent très peu d'entretien. Si vous les plantez dans un sol trop riche et les fertilisez régulièrement, elles connaîtront une croissance excessive, qui les rendra faibles et molles, et auront tendance à s'affaisser. Elles se montreront beaucoup plus

TABLEAU 1

Plantes annuelles ou vivaces traitées comme des annuelles adaptées aux sols secs et sableux situés en plein soleil

NOM LATIN	NOM FRANÇAIS
Bracteantha bracteata et cultivars	Immortelle et cultivars
Cosmos et cultivars	Cosmos et cultivars
Dorotheanthus et cultivars	Ficoïde et cultivars
Eschscholzia californica et cultivars	Pavot de Californie et cultivars
Euphorbia marginata	Euphorbe marginée
Gaillardia pulchella et cultivars	Gaillarde annuelle et cultivars
Gazania et cultivars	Gazania et cultivars
Gomphrena globosa et cultivars	Gomphréna et cultivars
Melampodium et cultivars	Mélampodium et cultivars
Papaver rhoeas et cultivars	Coquelicot et cultivars
Papaver somniferum et cultivars	Pavot somnifère et cultivars
Portulaca et cultivars	Pourpier et cultivars
Tagetes et cultivars	Œillet d'Inde ou tagète et cultivars

Gomphréna 'Strawberry Fields' (*Gomphrena globosa* 'Strawberry Fields').

Pavot de Californie 'Milkmade' (*Eschscholzia californica* 'Milkmade').

TABLEAU 2

Plantes annuelles ou vivaces traitées comme des annuelles adaptées à l'ombre légère ou moyenne

NOM LATIN	NOM FRANÇAIS	OMBRE
Begonia et cultivars	Bégonia et cultivars	moyenne
Caladium bicolor et cultivars	Caladium bicolore et cultivars	légère
Fuchsia et cultivars	Fuchsia et cultivars	légère
Impatiens balsamina et cultivars	Balsamine et cultivars	moyenne
Impatiens walleriana et cultivars	Impatiente et cultivars	moyenne
Lobelia x *speciosa* et cultivars	Lobélie et cultivars	légère
Mimulus et cultivars	Mimulus et cultivars	légère
Nicotiana et cultivars	Nicotine et cultivars	légère
Pelargonium peltatum et cultivars	Pélargonium-lierre et cultivars	légère
Solenostemon scutellarioides et cvs	Coléus et cultivars	moyenne
Torenia et cultivars	Torenia et cultivars	légère
Viola et cultivars	Pensée et cultivars	légère
Zantedeschia et cultivars	Calla et cultivars	légère

Lobélie 'Fan Orchid Rose' (*Lobelia* 'Fan Orchid Rose').

Bégonia 'Pin-up Flame' (*Begonia* 'Pin-up Flame'). ▶

vigoureuses si vous les plantez dans une terre brune légèrement sableuse. Il suffit alors de mélanger de la bonne terre brune à jardin à un sol sableux ou même cailouteux et très pauvre pour obtenir un terreau idéal.

Dans le tableau 1, (p. 138) je vous propose quelques-unes de mes plantes annuelles de soleil préférées. Ce sont des végétaux résistants à la chaleur et à la sécheresse.

Ombre bénéfique

Les jardins d'ombre sont évidemment moins fleuris que ceux qui bénéficient d'un ensoleillement continu. Vers la fin de la saison,

bien que les feuillages leur donnent un certain dynamisme, les aménagements sous les arbres sont habituellement plus monotones, car les espèces qui les composent fleurissent pour la plupart au printemps ou à l'été. Les fleurs annuelles y sont donc d'une grande utilité, puisqu'elles apportent un attrait à un moment où les floraisons des arbustes et des vivaces diminuent.

Malheureusement, il existe très peu de plantes annuelles qui peuvent survivre dans les endroits où l'ombre est dense et la compétition racinaire intense, sous les érables de Norvège (*Acer platanoides*) et sous

certains conifères, par exemple. Cependant, les plates-bandes adossées aux murs qui font face au nord ou les plantations situées sous les arbres au feuillage léger et dont les premières branches charpentières sont à une bonne distance du sol peuvent accueillir bon nombre d'annuelles. N'oubliez pas de fournir beaucoup de compost et de l'eau en abondance aux plantes qui sont en compétition avec les racines des arbres. Le tableau 2 énumère certaines plantes annuelles bien adaptées à l'ombre légère ou moyenne.

Déjà vu

L'impatiente est assurément l'annuelle la plus utilisée à l'ombre. En fait, c'est une vivace herbacée beaucoup trop tendre pour passer l'hiver sous nos latitudes. Dans un sol riche et frais, voire humide, l'impatiente est une plante qui donne de très bons résultats, même durant les périodes chaudes de l'été, et qui fleurit sans arrêt jusqu'aux premières gelées automnales sans qu'il soit nécessaire d'éliminer ses fleurs mortes.

Personnellement, je considère que cette plante a été beaucoup trop exploitée ; elle donne maintenant un air de déjà vu à la plupart des plantations. De plus, bien des cultivars d'impatientes possèdent des fleurs aux couleurs trop voyantes qui ne conviennent pas vraiment à l'aménagement des jardins d'ombre, où l'atmosphère est habituellement très calme. Elles s'intègrent souvent bien mieux aux aménagements lorsqu'elles sont plantées en contenants.

Heureusement, plusieurs cultivars d'impatientes aux couleurs plus douces font maintenant leur apparition sur le marché. Nous redécouvrons également certaines espèces méconnues, comme la majestueuse *Impatiens glandulifera* qui atteint parfois plus de 2 m (6,5 pi) de hauteur ; *I. stenantha* aux étonnantes fleurs jaunes et la fameuse *I. balsamina*, appelée communément balsamine. Ces impatientes donnent une certaine originalité au jardin et s'harmonisent plus facilement aux aménagements situés sous les arbres.

L'impatiente 'Tempo Peach Butterfly' (*Impatiens* 'Tempo Peach Butterfly') est un bon exemple d'un cultivar dont la douce floraison s'intègre plus facilement que d'autres aux jardins ombragés. Elle est associée ici au périlla 'Shiso Red' (*Perilla frutescens* 'Shiso Red').

Torenia 'Summer Wave Blue' (*Torenia* 'Summer Wave Blue').

Une composition franchement exotique, constituée de gracieuses matteuccies fougère-à-l'autruche (*Matteuccia struthiopteris*) accompagnées des magnifiques fuchsias 'Gartenmeister Bonstedt' (*Fuchsia* 'Gartenmeister Bonstedt') et de Magellan 'Aurea' (*F. magellanica* 'Aurea').

Les annuelles utilisées différemment

Bien qu'elles soient carrément détestées par certaines personnes, les annuelles sont actuellement très prisées par un grand nombre de jardiniers. Cependant, malgré leur apparente popularité, ces plantes sont tout à fait méconnues. Par ce fait même, nous éprouvons encore beaucoup de difficultés à les intégrer adéquatement à nos jardins.

Malheureusement, la plupart des plantations d'annuelles sont particulièrement criardes. Ces aménagements en massifs et en bandes densément plantés affichent un aspect souvent très rigide, qui rappelle vaguement certains jardins classiques de la Renaissance. Bien entendu, l'appréciation de ce style est une affaire très personnelle. Pourtant, je reste convaincu que ces aménagements, d'allure peu naturelle, ne conviennent pas du tout à la plupart des petits jardins résidentiels. Dans un jardin, les annuelles devraient plutôt être utilisées selon les principes qui guident la création des plates-bandes de vivaces.

Une scène hallucinante composée principalement de la spectaculaire amarante tricolore 'Early Splendor' (*Amaranthus tricolor* 'Early Splendor') et de divers cultivars de choux ornementaux (*Brassica oleracea* cvs.).

Une plantation d'annuelles digne des plus belles *mixed borders*. On y retrouve le pied-d'alouette 'Butterfly' (*Delphinium grandiflorum* 'Butterfly'), une vivace à floraison prolongée, accompagné de la sauge 'Snow Nymph' (*Salvia coccinea* 'Snow Nymph'), de l'agérate 'Blue Horizon' (*Ageratum houstonianum* 'Blue Horizon') et de la verveine 'Peaches'n Cream' (*Verbena* 'Peaches'n Cream').

Une présence importante

Grâce à leur très longue période de floraison, les annuelles créent un attrait plus constant que la plupart des vivaces. Elles égaient le jardin durant certaines périodes creuses où les floraisons des autres végétaux diminuent. Grâce à leur aspect parfois exotique, certaines de ces plantes apportent également beaucoup de luxuriance aux aménagements paysagers. Finalement, en utilisant des annuelles, vous pouvez changer l'aspect de votre jardin tous les ans. N'est-ce pas merveilleux ?

Cependant, les annuelles conservent le même aspect durant toute la saison. Plantées en trop grande quantité dans un jardin, elles peuvent conférer une certaine monotonie aux plantations. Si vous désirez obtenir un aménagement dynamique qui évolue au cours de l'été, je vous suggère d'utiliser de plus petites quantités de plantes annuelles et de les associer aux vivaces et aux autres végétaux qui composent vos plates-bandes.

Annuelles seulement

Il est possible de créer de superbes compositions uniquement constituées d'annuelles. Pour réussir ce type de plantation, il est avantageux d'utiliser les plantes annuelles de la même façon que les vivaces dans les plates-bandes à l'anglaise. Les fameuses *mixed borders*, à l'allure décontractée et naturelle, peuvent donc constituer une grande source d'inspiration.

Structurez tout d'abord votre aménagement à l'aide de plantes hautes. Plusieurs grands cultivars de brugmansias (*Brugmansia*), de cannas (*Canna*), de daturas (*Datura*), de tournesols (*Helianthus annuus*) ainsi que l'amarante queue-de-renard (*Amaranthus caudatus*), la nicotine sylvestre (*Nicotiana sylvestris*) et le tournesol mexicain (*Tithonia rotundifolia*) peuvent être disposés sur les côtés et à l'arrière d'une plate-bande, de façon à former un cadre dans lequel les autres annuelles sont ensuite intégrées. En plus de donner beaucoup de hauteur et d'ampleur à un aménagement, ces plantes aux dimensions imposantes servent d'appui aux autres végétaux, qui sont ainsi plus visibles, puisqu'ils sont mis en valeur.

Contrairement à ce qu'on fait pour bien des vivaces, on doit éviter de disposer les annuelles d'une même variété en un massif trop imposant. Un groupe d'une trentaine de plantes annuelles semblables donne un effet beaucoup trop vif et une allure habituellement peu naturelle. Leurs couleurs étant souvent très éclatantes, voire criardes, et leur port compact et strict, plusieurs annuelles produisent un bien meilleur effet lorsqu'elles sont plutôt disposées en petits groupes de sept, de cinq, de trois, ou encore seules. Si, en plus, vous plantez vos massifs de façon qu'il n'y ait pas de démarcation précise entre eux, la pénétration des différentes espèces et variétés les unes dans les autres sera plus aisée, ce qui donnera

Le zinnia 'Profusion Orange' (*Zinnia* 'Profusion Orange') se mêle librement au rudbeckia 'Goldsturm' (*Rudbeckia fulgida* var. *sullivantii* 'Goldsturm').

une apparence plus naturelle. Autant que possible, choisissez également des cultivars qui ont une forme irrégulière et un port lâche pour qu'ils puissent se mêler facilement aux plantes voisines.

Pour donner encore plus de dynamisme à vos plantations d'annuelles, vous pouvez marier des plantes de hauteurs différentes de façon à faire ressortir toutes leurs caractéristiques au même moment. Il est possible d'associer les végétaux en rangées, en plaçant les plus bas à l'avant, les moyens au centre et les grands à l'arrière. Cependant,

La grande cérinthe 'Purpurascens' (*Cerinthe major* 'Purpurascens'), traitée chez nous comme une annuelle, est une vivace tendre et peu longévive, originaire de certains pays d'Europe qui bordent la Méditerranée. C'est une plante remarquable, qui se marie de façon magnifique avec la plupart des plantes vivaces.

je suis sûr que vous trouverez des façons plus originales de disposer vos plantes. Par exemple, vous pouvez planter des annuelles hautes à l'arrière de la plate-bande et des variétés plus basses à l'avant, qui pénétreront à certains endroits assez profondément dans la plantation pour se retrouver directement sous les plantes hautes.

Parmi les vivaces et les arbustes

Une autre façon d'utiliser les annuelles dans un jardin est de les intégrer aux plates-bandes composées de vivaces et d'arbustes. Pour une insertion réussie, choisissez des plantes annuelles dont le port ainsi que la texture et la couleur des fleurs s'harmonisent bien aux éléments déjà en place. Plusieurs espèces et cultivars de cosmos (*Cosmos*), d'héliotropes (*Heliotropium*), de nicotines (*Nicotiana*), de rudbeckias hérissés (*Rudbeckia hirta*), de sauges (*Salvia*) et de verveines (*Verbena*) offerts sur le marché s'associent particulièrement bien à la plupart des plantes vivaces. Les annuelles doivent alors être mariées aux autres plantes de la même façon que le sont les vivaces, c'est-à-dire en fonction de leur forme, de leur hauteur, ainsi que de la couleur et de la texture de leur feuillage et de leur floraison.

Les végétaux qui composent un jardin où règne une atmosphère agréable sont bien plus que de simples objets de collection. Dans les aménagements structurés et développés à partir d'une planification rigoureuse, les plantes deviennent des outils permettant de créer des compositions

C'est en plantant ensemble des annuelles aux formes, aux textures et aux couleurs différentes, mais qui se complètent, qu'on peut créer des associations gagnantes. La floraison violette de l'héliotrope 'Marine' (*Heliotropium arborescens* 'Marine') présente un contraste saisissant avec les fleurs rose très pâle de la verveine rigide 'Polaris' (*Verbena rigida* 'Polaris'). Ce mariage est particulièrement bien mis en valeur par le feuillage gris et velouté du cinéraire maritime 'Cirrus' (*Senecio cineraria* 'Cirrus').

qui peuvent parfois être comparées à des tableaux. Je me suis rendu compte que ce n'est qu'après plusieurs années d'expérimentation qu'on arrive à saisir et à posséder l'art d'associer les annuelles et les vivaces. Marier habilement textures, formes et couleurs n'est pas une mince tâche. C'est pourquoi je pense qu'il est essentiel de s'inspirer d'aménagements présentés dans certains livres et magazines. En outre, les marches en forêt, les visites de jardins publics et privés, ainsi que les discussions avec d'autres jardiniers sont autant de façons de se forger un style particulier pour l'intégrer dans la création de son jardin.

Expérimentations

Pour qu'une plantation d'annuelles réalisée selon les principes énoncés plus haut soit tout à fait réussie, il est très important de limiter et de bien préciser votre choix de couleurs. Le mélange de tous les coloris n'est pas souhaitable; cela peut semer la confusion et donner l'impression d'un aménagement qui manque d'unité et d'harmonie. En usant d'un minimum de teintes différentes,

vous aurez beaucoup plus de facilité à réussir vos compositions. Aussi étonnant que cela puisse paraître, l'utilisation de deux ou trois couleurs seulement peut mener à la création d'un aménagement plein d'énergie et de dynamisme. Pour créer des arrangements colorés, il s'agit d'associer des végétaux dont le niveau de saturation de couleur varie. Par exemple, dans une plate-bande où le rouge domine, on peut utiliser toutes les teintes possibles, allant du rouge vermillon au rouge pourpré très foncé en passant par les roses.

Afin de donner plus de puissance à une composition, je suggère d'utiliser des fleurs et des feuillages de couleurs très foncées, comme le brun, le bourgogne, le pourpre et le violet. Ces couleurs forment de magnifiques contrastes avec les fleurs crème, jaunes, orange et roses. Utilisées de façon judicieuse, elles donnent un dynamisme très particulier à une plate-bande. Ces couleurs surprennent et étonnent par l'effet spectaculaire qu'elles produisent. Toutefois, évitez une trop grande utilisation de plantes aux feuillages très sombres, car elles semblent parfois rapetisser le jardin.

D'autres couleurs sont encore peu utilisées. Les dérivés de l'orange et du jaune, comme le pêche et le saumon, sont rarement intégrés aux aménagements. Les coloris terreux, comme le rouille et le beige, sont également très peu prisés par la plupart des jardiniers. D'autres teintes très singulières, tels le vert lime et le magenta, donnent une touche moderne aux compositions.

Dans cette composition, les divers attraits des plantes présentes sont visibles d'un seul coup d'œil. Elles forment une scène dynamique où les formes, les textures et les couleurs de leurs fleurs se conjuguent subtilement. Outre la campanule des Carpates 'Blue Clips' (*Campanula carpatica* 'Blue Clips') qui est vivace, on y retrouve des annuelles comme la sauge farineuse 'Victoria' (*Salvia farinacea* 'Victoria'), l'agérate 'Hawaii Blue' (*Ageratum houstonianum* 'Hawaii Blue') et l'alysse 'Snow Crystals' (*Lobularia maritima* 'Snow Crystals').

Pour vous distinguer, vous pouvez donc créer des associations à partir de ces couleurs inusitées.

Pour singulariser votre aménagement paysager, vous pouvez également y introduire des plantes aux feuilles panachées, c'est-à-dire qui présentent des couleurs variées. De tels feuillages procurent beaucoup de vitalité et d'originalité au jardin. Cependant, il est important de les utiliser avec parcimonie, car il est beaucoup plus difficile de les intégrer aux plantations que les feuillages unis. Employées en trop grande quantité, les feuilles panachées risquent d'apporter une certaine confusion et de donner un effet peu naturel. Lorsque vous associez plusieurs feuillages panachés, assurez-vous que leurs dessins et leurs patrons de coloration soient le plus simple possible, pour éviter de surcharger la scène.

Soyez créatif et original au moment de la conception et de la réalisation de vos plantations d'annuelles. N'ayez pas peur de faire les essais les plus fous. Une idée qui vous semble complètement farfelue peut s'avérer formidable comme point de départ pour la création d'un aménagement. N'oubliez jamais qu'un jardin est un laboratoire où vous pouvez faire toutes les expériences possibles.

Annuelle et vivace en association parfaite. Les fleurs blanches teintées de pêche de la verveine 'Peaches'n Cream' (*Verbena* 'Peaches'n Cream') contrastent joliment avec la floraison bleu cobalt du pied-d'alouette 'Butterfly' (*Delphinium grandiflorum* 'Butterfly').

L'arroche des jardins pourpre (*Atriplex hortensis* var. *rubra*), une annuelle haute au surprenant feuillage rouge pourpré très foncé, met en valeur la douce floraison du lis 'Montreux' (*Lilium* 'Montreux').

Les arbustes constituent un excellent fond de scène pour la plupart des annuelles. L'hortensia paniculé 'White Moth' (*Hydrangea paniculata* 'White Moth') fait ressortir tous les détails des feuillages des coléus 'Wizard Jade' (*Solenostemon scutellarioides* 'Wizard Jade') et 'Inky Fingers' (*S. scutellarioides* 'Inky Fingers').

Les plantes au feuillage pourpre forment un contraste particulièrement puissant et surprenant avec les fleurs de certains cultivars de tagètes.

Qui a dit que les *marigolds* étaient affreux ? ▷

Pas si laids que ça les *marigolds*!

Il est vrai que certaines fleurs annuelles ne sont pas particulièrement jolies. Mais il suffit parfois de les associer avec d'autres plantes pour que leur présence nous paraisse plus supportable. C'est le cas des fameux tagètes, appelés communément œillets d'Inde ou *marigolds*. Lorsque ces annuelles sont accompagnées d'autres plantes qui les complètent et qui les mettent en valeur, leur aspect s'améliore considérablement. J'irai même jusqu'à dire qu'il n'existe pas de plantes vraiment laides. Évidemment, tout est question de goût, mais je reste convaincu que bien des annuelles qui semblent être tout simplement inutilisables peuvent prendre une allure très agréable et originale lorsqu'elles sont associées de façon judicieuse à d'autres plantes.

Même les grosses fleurs ▷ doubles du tagète 'Bonanza Bolero' (*Tagetes* 'Bonanza Bolero') peuvent être fort jolies lorsqu'elles sont mariées à d'autres plantes, comme le zinnia à feuilles étroites 'Crystal White' (*Zinnia angustifolia* 'Crystal White').

Un contraste puissant, d'allure très actuelle, entre
la verveine 'Peaches'n Cream' (*Verbena* 'Peaches'n
Cream') et le géranium vivace 'Chocolate Candy'
(*Geranium* 'Chocolate Candy').

Les couleurs très vives et saturées, mises en relation avec des couleurs plus
douces et pâles, donnent toujours un effet des plus saisissants. On retrouve ici le
canna 'Durban' (*Canna* 'Durban'), dont les fleurs orange contrastent vivement avec
les fleurs violet très pâle de la verveine de Buenos Aires (*Verbena bonariensis*).

La nicotine de Langsdorff (*Nicotiana langsdorffii*) s'associe de façon très originale à la lobélie du cardinal (*Lobelia cardinalis*).

L'intégration de plantes potagères, dont certains fruits qui possèdent un potentiel ornemental, constitue une autre façon de donner une ambiance particulière à votre jardin. ▷

Cette belle association est composée du caladium bicolore 'Aaron' (*Caladium bicolor* 'Aaron'), de l'heuchère 'Palace Purple' (*Heuchera* 'Palace Purple') et du brunnéra (*Brunnera macrophylla*). Avec son feuillage blanc aux nervures vertes, le caladium bicolore 'Aaron' apporte juste ce qu'il faut d'énergie à cette scène.

Une association saisissante du coléus 'Purple Emperor' (*Solenostemon scutellarioides* 'Purple Emperor') avec le plectranthe argenté (*Plectranthus argentatus*) et le pétunia 'Purple Wave' (*Petunia* 'Purple Wave').

Les feuilles pourpres du bugle rampant 'Atropurpurea' (*Ajuga reptans* 'Atropurpurea') offrent un fond de scène particulièrement contrastant aux fleurs rouge très vif du bégonia 'Dragonwings' (*Begonia* 'Dragonwings').

Des plantes qui vont toujours plus haut

Les plantes grimpantes sont plus populaires que jamais auprès des jardiniers. Elles s'avèrent particulièrement intéressantes pour les petits terrains, puisqu'elles permettent de maximiser l'utilisation de l'espace en usant d'une dimension souvent oubliée au jardin : la hauteur. Ces végétaux peuvent rapidement transformer un simple balcon en une véritable oasis fleurie. Les plantes grimpantes sont très polyvalentes ; elles recouvrent rapidement les murs et les treillis, ainsi que certaines constructions comme les tonnelles et les pergolas ; elles peuvent même parfois servir de couvre-sol.

Vivaces et annuelles

Il existe une foule de plantes grimpantes annuelles. Elles ont généralement une croissance très rapide ; certaines peuvent recouvrir complètement un treillis en quelques semaines. Ces annuelles conviennent parfaitement aux endroits où il n'y a pas de sol, comme les terrasses et les balcons, car elles croissent facilement et se développent bien en contenants. Elles peuvent aussi accompagner les grimpantes vivaces ; elles recouvrent alors les murs et les treillis en attendant que les clématites et les chèvrefeuilles atteignent leur plein épanouissement.

Plantes alpinistes

Dans le but d'atteindre la lumière, les plantes grimpantes ont développé des techniques fort originales pour grimper. Certaines de ces plantes sont volubiles et s'enroulent autour de leur support avec toute leur tige. La plupart des espèces, comme les gloires du matin (*Ipomoea*), s'enroulent dans le sens inverse des aiguilles d'une montre ; c'est ce qu'on appelle un enroulement sinistrovolubile. D'autres végétaux grimpants possèdent un enroulement dextrose, c'est-à-dire qu'ils

Voici la passiflore (*Passiflora* x *alato-caerulea*). Sentez-vous une intense passion vous envahir soudainement ?

s'enroulent dans le sens des aiguilles d'une montre. Il ne faut jamais enrouler ces plantes autrement que dans leur sens naturel, car elles dépériraient assurément. Certaines plantes grimpantes possèdent des vrilles qui s'enroulent autour du support. Le pois de senteur (*Lathyrus odoratus*) forme des vrilles à l'extrémité de ses feuilles, tandis que chez de rares grimpantes, ce sont les pétioles des feuilles qui sont volubiles. Finalement, chez quelques plantes sarmenteuses, comme les bougainvillées (*Bougainvillea*), les tiges sont parfois dotées d'épines à l'aide desquelles elles se fixent aux supports.

Prudence

La croyance populaire veut qu'il soit dommageable pour le mortier de laisser grimper certaines plantes aux murs de briques et de pierres. Il est vrai que les plantes grimpantes vivaces qui s'accrochent aux murs à l'aide de ventouses peuvent parfois causer de légers problèmes. Vous éviterez tout désagrément en utilisant des plantes sans ventouses ou racines aériennes, qui grimperont sur un support éloigné du mur de quelques centimètres.

La gloire du matin 'Heavenly Blue' (*Ipomoea tricolor* 'Heavenly Blue') accompagne particulièrement bien la clématite 'Polish Spirit' (*Clematis viticella* 'Polish Spirit').

PAGE SUIVANTE : La cobée (*Cobaea scandens*) est une plante grimpante très vigoureuse qui pousse à une vitesse folle. Toutefois, elle fleurit assez tardivement si elle est semée en pleine terre. Pour obtenir une floraison plus hâtive, il est préférable de la semer en pots à l'intérieur, vers la fin de février, et de la transplanter à l'extérieur par la suite.

Surprenants supports

Pour recouvrir un mur, si vous voulez éviter les treillis de bois, utilisez un filet de plastique noir ou transparent. Passez un fil de métal tout autour, entre les mailles, et fixez-le au mur avec des vis. Assurez-vous que les mailles sont suffisamment larges pour que les plantes volubiles puissent s'y agripper. Vous pouvez aussi utiliser des objets dont vous ne vous servez plus, comme une vieille échelle ou un râteau à feuilles, pour en faire des supports à grimpantes. Essayez également de faire grimper une plante sur un arbuste. Il faut évidemment sélectionner un arbuste robuste dont la croissance est vigoureuse. Imaginez une gloire du matin 'Knowlian's Black' (*Ipomoea purpurea* 'Knowlian's Black'), aux fleurs de couleur pourpre, s'agrippant à un sureau doré (*Sambucus canadensis* 'Aurea') !

TABLEAU 3

Quelques-unes des meilleures plantes grimpantes annuelles ou vivaces traitées comme des annuelles

NOM LATIN	NOM FRANÇAIS	HAUTEUR	ENSOLEILLEMENT	TYPE
Allamanda cathartica et cultivars	Allamanda et cultivars	3 à 5 m (10 à 16 pi)	soleil	arbustes grimpants qu'on rentre à l'automne
Bougainvillea et cultivars	Bougainvillée et cultivars	1 à 3 m (3 à 10 pi)	soleil	arbustes grimpants qu'on rentre à l'automne
Cobaea scandens et cultivars	Cobée et cultivars	3 à 5 m (10 à 16 pi)	soleil ou mi-ombre	vivaces tendres
Dolichos lablab et cultivars (syn. *Lablab purpureus*)	Dolique et cultivars	2 à 3 m (6,5 à 10 pi)	soleil	vivaces tendres
Ipomoea lobata et cultivars (syn. *Quamoclit lobata*)	Ipomée à feuilles lobées et cvs	2 à 3 m (6,5 à 10 pi)	soleil	annuelles ou vivaces tendres
Ipomoea quamoclit et cultivars (syn. *Quamoclit pennata*)	Ipomée à fleurs rouges et cvs	2 à 4 m (6,5 à 13 pi)	soleil	annuelles
Ipomoea tricolor et cultivars	Ipomée ou gloire du matin et cvs	2 à 3 m (6,5 à 10 pi)	soleil ou mi-ombre	annuelles ou vivaces tendres
Lathyrus odoratus et cultivars	Pois de senteur et cultivars	1 à 2 m (3 à 6,5 pi)	soleil ou mi-ombre	annuelles
Mandevilla et cultivars	Mandevilla et cultivars	3 à 5 m (10 à 16 pi)	soleil	arbustes grimpants qu'on rentre à l'automne
Maurandya et cultivars (syn. *Asarina*)	Maurandya et cultivars	1 à 3 m (3 à 10 pi)	soleil	vivaces tendres
Pandorea jasminoides et cultivars	Pandorea et cultivars	3 à 5 m (10 à 16 pi)	soleil	arbustes grimpants qu'on rentre à l'automne
Passiflora et cultivars	Passiflore et cultivars	1 à 3 m (3 à 10 pi)	soleil	arbustes grimpants qu'on rentre à l'automne
Phaseolus coccineus et cultivars	Haricot d'Espagne et cultivars	2 à 3 m (6,5 à 10 pi)	soleil	vivaces tendres
Plumbago auriculata et cultivars	Plumbago du Cap et cultivars	2 à 3 m (6,5 à 10 pi)	soleil	arbustes grimpants qu'on rentre à l'automne
Rhodochiton atrosanguineum	Rhodochiton	2 à 4 m (6,5 à 13 pi)	soleil	vivace tendre
Thunbergia alata et cultivars	Thunbergia et cultivars	1 à 2 m (3 à 6,5 pi)	soleil ou mi-ombre	vivaces tendres
Tropaeolum peregrinum	Capucine des canaris	2 à 3 m (6,5 à 10 pi)	soleil ou mi-ombre	annuelle

Grimpantes en pots

Plusieurs arbustes grimpants, tels les divers cultivars de bougainvillées (*Bougainvillea*), de mandevillas (*Mandevilla*) et de plumbagos (*Plumbago*), peuvent vivre à l'extérieur durant l'été. Afin de les conserver de nombreuses années, vous devez absolument les cultiver en contenants et les rentrer dans la maison chaque automne. Si vous les plantez en pleine terre, il devient pratiquement impossible de les rempoter sans endommager sérieusement leurs racines.

La thunbergia (*Thunbergia alata*) peut également être traitée comme une plante retombante.

L'ipomée à fleurs rouges (*Ipomoea quamoclit*) est une plante grimpante qui attire les oiseaux-mouches comme un aimant.

Cette magnifique scène est composée du *Begonia* 'Nonstop White', de l'*Heuchera* 'Palace Purple' ainsi que des cultivars de *Solenostemon scutellarioides* 'Marissa', 'The Line', 'Wizard Golden' et 'Wizard Jade'.

Coléus cosmiques

Sous le règne de la reine Victoria, vers la fin du XIXᵉ siècle, les coléus (*Solenostemon scutellarioides*) étaient énormément appréciés en Angleterre et ailleurs en Europe. Leur popularité s'est soudainement évanouie au début du XXᵉ siècle. Depuis quelques années, avec l'arrivée d'une foule de nouveaux cultivars aux caractéristiques exceptionnelles, c'est la folie ; les coléus sont plus prisés que jamais. Ce succès tient évidemment à leur beauté, mais également au fait qu'ils figurent parmi les rares annuelles à offrir un attrait dès leur plantation — pas besoin d'attendre qu'ils forment des fleurs — et jusqu'à la première gelée automnale.

Utilisation judicieuse

Avec leurs surprenants feuillages bigarrés, les cultivars de coléus récemment introduits sur le marché horticole ouvrent de nouvelles frontières pour l'aménagement de nos jardins. Des couleurs riches et des panachures étonnantes confèrent aux coléus une allure très moderne qui procure énormément de charme aux jardins actuels. Toutefois, comme plusieurs de ces plantes possèdent des feuilles hautement colorées, il est essentiel de les utiliser judicieusement pour éviter de créer trop de points d'intérêts et de semer la confusion dans les plates-bandes. Il est relativement facile d'introduire quelques spécimens à travers les plantations de vivaces et d'annuelles dont les couleurs sont plutôt unies. Lorsque vous plantez plusieurs cultivars de coléus côte à côte, assurez-vous que leurs panachures s'harmonisent bien les unes avec les autres.

Cultivars tolérants

Les coléus s'adaptent relativement bien à divers types de sols, mais ils préfèrent habituellement les terres riches, fraîches et bien drainées. Ils peuvent pousser sous différentes conditions d'ensoleillement. Plusieurs cultivars, surtout ceux qui ont un feuillage foncé, s'accommodent bien du soleil à condition qu'ils soient protégés des rayons brûlants du début d'après-midi qui décoloreraient leur feuillage. La majorité des variétés poussent plutôt à la mi-ombre ou encore à l'ombre légère. Certains coléus peuvent également tolérer l'ombre moyenne pourvu que la compétition racinaire ne soit pas trop importante.

Culture plus que facile

Attention ! Les coléus ne tolèrent absolument pas le froid. Attendez donc que tout risque de gel soit écarté dans votre région avant de les planter. Puisqu'ils peuvent atteindre des dimensions assez imposantes, plantez-les à une distance d'environ 30 cm à 40 cm (12 po à 16 po). Si vous les plantez à l'ombre ou si ce sont des cultivars de petit format, rapprochez-les légèrement les uns des autres. Durant l'été, n'hésitez pas à pincer l'extrémité des tiges à quelques reprises. Cela vous permettra d'éliminer les fleurs qui ne se marient pas toujours bien au feuillage et d'obtenir des plants plus touffus et trapus.

La multiplication des coléus par bouturage est fort simple et efficace. En septembre, un peu avant les premières gelées, prélevez quelques tiges sur vos plants. Vous n'avez qu'à couper un bout de tige d'environ 10 cm à 15 cm (4 po à 6 po) de longueur juste en dessous d'une paire de feuilles. Prenez soin de supprimer les fleurs ainsi que les deux premières paires de feuilles du bas. Placez chaque bouture dans un pot individuel rempli d'un terreau bien humide spécialement conçu pour l'empotage des plantes d'intérieur. Installez ensuite vos boutures dans un endroit où il y a une forte luminosité, mais qui est protégé des rayons directs du soleil. Maintenez le sol toujours humide jusqu'à ce que les boutures s'enracinent adéquatement. Réussite garantie.

Voici un coléus particulièrement original. *S. scutellarioides* 'Indian Frills' possède un étrange feuillage rouge tacheté de vert dont la marge, très découpée, est jaune.

Une superbe association entre le coléus 'Leopard' (*S. scutellarioides* 'Leopard') et la grande radiaire 'Rubra' (*Astrantia major* 'Rubra').

Le coléus 'Purple Emperor' (*S. scutellarioides* 'Purple Emperor'), qui atteint environ 60 cm (24 po) de hauteur, possède probablement le feuillage pourpre le plus foncé de tous. Il produit un effet puissant dans cette composition où il est marié au cultivar 'Wizard Jade' ainsi qu'au *Canna* 'Tropicanna'.

L'allure du coléus 'Marissa' (*S. scutellarioides* 'Marissa') est surprenante. Ses feuilles, dont la nervure centrale est rouge, sont ivoire maculé de vert. Cette plante s'associe particulièrement bien aux végétaux à feuillage pourpre. Elle forme ici un contraste magnifique avec l'heuchère 'Palace Purple' (*Heuchera* 'Palace Purple').

Voici le coléus 'The Line' (*S. scutellarioides* 'The Line'). J'aime bien quand le nom d'un cultivar est aussi évocateur.

S. scutellarioides 'Volcano' affiche une allure saisissante. Ses feuilles rouge violacé sont bordées d'une très fine marge jaune-vert.

Chauds soleils

La vue d'un tournesol nous fait aussitôt penser à l'été et aux chauds rayons du soleil. Cette plante charmante procure un sentiment de bien-être et de joie. Depuis ces dernières années, l'allure des tournesols (*Helianthus annuus*) a cependant bien changé, puisqu'on retrouve maintenant une impressionnante quantité de cultivars sur le marché horticole. Certains sont géants et peuvent atteindre plus de 3 m (10 pi) de hauteur, alors que les nains ne font guère plus de 40 cm (16 po) de hauteur. Les couleurs des inflorescences ont également beaucoup évolué. Elles vont du crème au rouge pourpré en passant par le jaune, l'orange et le brun. Finalement, quelques variétés possèdent même des inflorescences doubles.

Pas en pots

Les tournesols se plaisent particulièrement en pleine terre. Ils s'harmonisent assez facilement aux vivaces qui composent les plates-bandes. Malheureusement, ils s'avèrent beaucoup moins performants lorsqu'ils sont cultivés en contenants. J'ai fait plusieurs essais en intégrant des cultivars de tournesols nains à des arrangements en pots et je n'ai pas obtenu le succès attendu. Les tournesols que j'avais plantés seuls dans de gros contenants ont tout de même assez bien fleuri, alors que j'ai dû remplacer au cours de l'été ceux que j'avais associés à d'autres annuelles. À vous de faire vos propres essais.

La plupart des cultivars de tournesols peuvent être semés directement en pleine terre au moment où les risques de gel sont presque nuls. Pour obtenir une floraison plus hâtive, vous pouvez les semer en pots à l'intérieur. Les semis peuvent être faits vers le début d'avril, sous un éclairage intense, afin d'éviter l'étiolement des plants.

Plusieurs nouveaux cultivars, tels que 'Valentine' qui est présenté ici, possèdent des tiges composées de nombreuses ramifications. Contrairement à la plupart des tournesols typiques, qui forment rarement plus d'une fleur, ces plantes produisent une floraison beaucoup plus abondante et prolongée.

Entretien simple

Les tournesols ont la réputation de s'adap-ter assez facilement à plusieurs types de sols, même à ceux qui sont pauvres. Cependant, lorsqu'ils sont plantés en plein soleil, dans une bonne terre à jardin brune amen-dée de compost et bien drainée, ils ont habituellement une croissance et un déve-loppement supérieurs. Laissez le sol sécher deux ou trois jours entre les arrosages, et ne mouillez pas les feuilles afin d'éviter l'appa-rition de maladies fongiques, telles que la rouille et l'oïdium, auxquelles certains culti-vars sont sensibles.

Une association très énergique entre le tournesol 'Autumn Beauty' (*H. annuus* 'Autumn Beauty') et le tournesol mexicain (*Tithonia rotundifolia*).

PAGE SUIVANTE: Les inflorescences de *H. annuus* 'Pacino' ressemblent beaucoup à celles des tournesols traditionnels.

Le tournesol 'Velvet Queen' (*H. annuus* 'Velvet Queen'), qui atteint une hauteur d'environ 1,50 m (5 pi), forme des inflorescences très singulières dont les pétales sont de couleur rouille.

Le cultivar 'Sonja' forme de belles inflorescences jaune doré portées par des tiges d'environ 1,20 m (4 pi) de hauteur.

La floraison double très joufflue de *H. annuus* 'Double Santa Fe' donne beaucoup d'originalité dans un jardin.

Magnifique contraste de couleurs entre la sauge 'Oxford Blue'
(*Salvia viridis* 'Oxford Blue') et le coréopsis verticillé 'Moonbeam'
(*Coreopsis verticillata* 'Moonbeam').

Suavité des sauges

Les sauges (*Salvia*) sont des plantes qui me fascinent énormément. Avec leurs longs épis de fleurs qui se dressent bien au-dessus de leur feuillage, elles ont une allure très noble. Ce sont des plantes particulièrement gracieuses qui s'harmonisent bien à la plupart des vivaces dans un aménagement. D'ailleurs, plusieurs sauges qui sont traitées comme des annuelles sont en fait des vivaces trop tendres pour passer l'hiver sous nos latitudes. Les sauges ont leur place dans tous les jardins, car ce sont des plantes faciles à cultiver, très florifères et peu sensibles aux insectes et aux maladies.

Terre fraîche

La plupart des espèces et des cultivars de sauges demandent le plein soleil ou la mi-ombre et s'adaptent relativement bien à divers types de sols. Toutefois, ces végétaux donnent leur meilleur spectacle lorsqu'ils sont plantés dans une bonne terre à jardin brune amendée de compost. Bien que plusieurs sauges tolèrent la chaleur et une sécheresse passagère, la plupart exigent un sol bien drainé mais frais. Plusieurs espèces et cultivars poussent également très bien en contenants.

Grande diversité

Selon certains auteurs, il existe près de 900 espèces de sauges sur le globe. Plusieurs d'entre elles, principalement originaires du bassin méditerranéen ou de l'Amérique centrale, sont des plantes vivaces tendres qui peuvent très bien être utilisées comme des annuelles dans nos jardins. Quelques-unes, tels les populaires cultivars de sauge farineuse (*S. farinacea*), de sauge officinale (*S. officinalis*) et de sauge écarlate (*S. splendens*), sont actuellement vendues en contenants sur le marché horticole. Toutefois, si vous désirez cultiver des espèces et des variétés plus particulières et moins connues, vous devrez faire des semis ou des boutures.

Voici quelques sauges qui, à mon avis, méritent un essai. Cultivée pour son feuillage, *S. aethiopis* est une des espèces les plus originales. Elle possède de grosses feuilles grises très duveteuses qui se marient bien aux fleurs blanches, roses ou bleues. *S. leucophylla,* native du sud de la Californie, est une autre sauge d'allure singulière qui forme un feuillage gris et de superbes fleurs roses portées par des tiges qui atteignent un peu plus de 1,20 m (4 pi) de hauteur. *S. coccinea,* qui pousse à l'état sauvage dans plusieurs pays d'Amérique du Sud, est une superbe plante aux fleurs rouges qui

S. splendens 'Salsa Deep Purple' possède d'étranges fleurs pourpres.

S. coccinea 'Lady in Red' a remporté le fameux Award of Garden Merit, un symbole d'excellence décerné par la Royal Horticultural Society d'Angleterre aux plantes qui montrent des qualités horticoles exceptionnelles. Ce cultivar de sauge, qui atteint environ 50 cm (20 po) de hauteur, est marié ici à *Rudbeckia hirta* 'Irish Eyes'.

atteint environ 75 cm (30 po) de hauteur. Les cultivars 'Lady in Red', 'Coral Nymph' et 'Snow Nymph' se trouvent assez facilement sur le marché. *S. fulgens,* originaire du Mexique, atteint environ 1 m (3 pi) de hauteur. Elle forme des fleurs rouge vif. Très florifère, *S. greggii* atteint environ 60 cm (24 po) de hauteur et pousse bien dans les emplacements chauds et très ensoleillés. Quelques cultivars sont disponibles, dont 'Peach' qui produit de superbes fleurs de couleur orange. *S. microphylla,* qui atteint un peu plus de 1 m (3 pi) de hauteur, est une des espèces les plus performantes. 'Kew Red' aux fleurs rouges, ainsi que 'Pink Blush' et 'Pleasant View', dont la floraison est de couleur rose, sont quelques-uns des cultivars les plus intéressants. *S. patens,* originaire du Mexique, forme de superbes fleurs d'un bleu très riche portées par des tiges qui atteignent environ 45 cm (18 po) de hauteur. Selon moi, cette sauge figure parmi les plus magnifiques. Finalement, chez *S. viridis,* qui est une plante annuelle étonnante, ce ne sont pas les fleurs qui sont les plus attrayantes, mais plutôt les bractées — feuilles modifiées qui accompagnent les fleurs — très colorées. Le cultivar 'Oxford Blue' forme des bractées bleu violacé tandis que 'Rose Bouquet' en produit des roses.

Une belle association entre *S. viridis* 'Oxford Blue' et la gracieuse *S. coccinea* 'Snow Nymph'.

Certains cultivars de sauges sont utilisés pour la beauté de leur feuillage. La sauge officinale 'Icterina' (*S. officinalis* 'Icterina') possède de jolies feuilles vertes panachées de jaune qui apportent une certaine luminosité aux compositions.

La très populaire *S. farinacea* 'Victoria' ne cesse de fleurir du début de l'été jusqu'à la fin d'octobre dans certaines régions.

La sauge 'Coral Nymph' (*S. coccinea* 'Coral Nymph') produit de curieuses fleurs qui ressemblent vaguement à des crevettes.

Incroyables brugmansias

Chaque fois que je me retrouve devant un brugmansia qui exhibe ses extraordinaires fleurs retombantes, je constate une fois de plus que la beauté de la nature est sans limites. Ces plantes sont tout simplement fantastiques. Leur seule présence dans un jardin lui confère instantanément une ambiance féerique.

Brugmansia et datura

Tout comme les tomates et le tabac, les brugmansias (*Brugmansia*) font partie de la famille des solanacées. Principalement originaires d'Amérique centrale et d'Amérique du Sud, ces plantes ligneuses forment de petits arbres qui peuvent atteindre parfois plus de 5 m (16 pi) de hauteur. Leurs grandes fleurs sont d'une beauté exceptionnelle et, chez certaines espèces et variétés, elles exhalent un riche parfum, surtout vers la fin de la journée. On confond souvent les brugmansias avec les daturas (*Datura*), qui sont leurs très proches parents. Les daturas sont des plantes herbacées annuelles ou vivaces de très grande dimension. Certains atteignent jusqu'à 2 m (6,5 pi) de hauteur. Contrairement à celles des brugmansias qui sont pendantes ou semi-érigées, les fleurs des daturas sont dressées. Leurs fruits sont ovales et recouverts d'épines, tandis que ceux des brugmansias sont plutôt allongés et lisses.

Attention ! Plantes toxiques

Comme les daturas et plusieurs autres solanacées, toutes les parties des brugmansias sont toxiques. Elles contiennent un alcaloïde appelé atropine qui peut causer de sérieux problèmes, voire la mort, s'il est ingéré. Évitez donc de planter ces végétaux dans votre jardin si vous avez des enfants.

Exigeants

Les brugmansias sont insatiables ; ils exigent un terreau additionné de compost et une fertilisation soutenue. Un engrais soluble riche en phosphore et en potassium doit être apporté à chaque arrosage. Assurez-vous également de leur fournir de l'eau fréquemment. Durant les mois de juillet et d'août, il faut arroser ces plantes tous les jours. Les brugmansias doivent être cultivés en contenants. Si vous tenez absolument à les mettre en pleine terre, laissez-les dans leur pot. De cette façon, vous aurez moins de difficulté à les sortir de terre, au moment de les rentrer pour l'hiver.

Rentrée

Les brugmansias sont des plantes trop frileuses pour passer l'hiver à l'extérieur dans nos régions. Si vous souhaitez les conserver plusieurs années, il est absolument essentiel de les rentrer à l'automne. En septembre, avant les premières gelées, coupez toutes les feuilles de vos brugmansias, en prenant soin d'épargner les jeunes pousses terminales. Si vos plants sont trop gros, vous pouvez rabattre les branches de moitié. Afin d'éviter la propagation des maladies fongiques, pulvérisez toutes les tiges et le tronc avec un mélange d'eau et de soufre. Rentrez ensuite vos brugmansias dans une pièce fraîche, comme un sous-sol ou un garage, par exemple. Durant l'hiver, ils préfèrent une température qui se situe entre 7 et 15 °C, et ne demandent qu'un ou deux arrosages par mois.

Brugmansia 'Pink' (*B.* x *insignis* 'Pink').

B. x *insignis* 'Frosty Pink' est un cultivar dont les fleurs dégagent un parfum envoûtant.

◄ Les longues et étroites fleurs de *B. sanguinea* sont parfois entièrement jaunes ou vermillon ; il arrive également que la floraison soit à la fois vert-jaune, jaune et vermillon, comme c'est le cas ici.

B. versicolor 'Grand Marnier' forme
de belles fleurs qui ont la particularité d'être
semi-dressées.

Les brugmansias forment de petits arbres et possèdent habituellement des fleurs retombantes. On retrouve ici *B.* x *candida.*

Les daturas sont des plantes herbacées annuelles ou vivaces peu longévives, qui produisent des fleurs dressées. Ici, *D. metel.*

Étonnants lantanas

Le lantana (*Lantana camara*) est une plante exceptionnelle, originaire des régions tropicales des Amériques. Cultivé sur tige ou en arbuste, il peut atteindre parfois plus de 1 m (3 pi) de hauteur dans de bonnes conditions. Sa floraison, qui change de couleur avec le temps, est tout simplement spectaculaire. De plus, le lantana et ses divers cultivars sont rarement malades ou infestés d'insectes.

Exigences précises

Les divers cultivars de lantanas préfèrent un terreau riche amendé de compost. Ils demandent aussi un emplacement chaud situé en plein soleil ou à la mi-ombre. Ces végétaux tolèrent une courte période de sécheresse, mais il est tout de même préférable qu'ils bénéficient d'une bonne humidité ambiante et que leurs racines plongent dans un sol frais. Procédez régulièrement à des vaporisations d'eau autour de leur feuillage et plantez-les de façon que leur base soit recouverte par le feuillage des plantes voisines. Les lantanas se cultivent bien en contenants, d'autant plus qu'il vous sera ainsi beaucoup plus facile de les rentrer pour l'hiver.

Une association magnifique entre le lantana (*L. camara*) et le némésia 'Blue Bird' (*Nemesia* 'Blue Bird').

L. camara produit une floraison exceptionnelle. Peu après l'éclosion, les fleurs sont de couleur jaune ; elles prennent ensuite une teinte plus foncée jusqu'à devenir rose sombre avant de faner.

Les verveines sont des plantes très proches parentes des lantanas. Ici *Verbena* 'Temari Violet'.

L. camara 'Professor Raoux' produit des fleurs de couleur jaune-orangé qui passent à l'écarlate après quelques jours. ▶

◀ Le cultivar 'Aloha' produit des fleurs entièrement jaunes dont la teinte ne varie pas avec le temps.

Troisième partie

Répertoire des annuelles

Abutilon megapotamicum.

Agapanthus 'Luly'.

Ageratum houstonianum 'Hawaii Blue' et
Chamaecyparis pisifera 'Filifera Aurea Nana'.

Abutilon
abutilon

Famille : malvacées.

Type : plantes ligneuses arbustives, traitées comme des annuelles (qui peuvent être rentrées à l'intérieur durant l'hiver).

Feuillage : certains cultivars possèdent un feuillage vert maculé de jaune. Ces taches sont habituellement provoquées par un virus qui n'affecte toutefois pas la croissance des plantes.

Floraison : jolies clochettes retombantes de couleur blanche, jaune, orange, rose ou rouge selon les espèces et les cultivars.

Hauteur : jusqu'à 1,8 m (6 pi).

Exposition : soleil.

Sol (contenants) : terreau composé de deux tiers de substrat spécialement conçu pour les contenants et d'un tiers de compost, humide. Ajoutez un peu de perlite grossière afin d'assurer un bon drainage.

Rusticité : ne faites pas subir de températures inférieures à 5 °C à ces plantes.

Utilisation : principalement en contenants.

Culture : par temps chaud, ne laissez pas dessécher le terreau afin d'éviter que les feuilles flétrissent. Protégez ces plantes des vents. En septembre, vous pouvez rentrer les abutilons dans la maison. Placez-les dans un endroit bien ensoleillé mais peu chauffé. Taillez-les de moitié lorsque leur floraison est terminée ou à la fin de l'hiver, afin de stimuler la formation des nouvelles pousses qui porteront les fleurs.

Cultivar proposé : *A.* 'Ashford Red', p. 72-73.

Agapanthus
agapanthe

Famille : liliacées.

Type : plantes herbacées vivaces, traitées comme des annuelles (qui peuvent être rentrées à l'intérieur durant l'hiver).

Floraison : fleurs tubulaires regroupées en ombelles et portées par de longues hampes florales. Selon les espèces et les cultivars, les fleurs sont blanches, mauves, violettes ou bleues.

Hauteur : 30 cm à 90 cm (12 po à 36 po) selon les espèces et les cultivars.

Exposition : soleil.

Sol (contenants) : terreau composé de deux tiers de substrat spécialement conçu pour les contenants et d'un tiers de compost. Ajoutez de la perlite grossière afin d'assurer un bon drainage.

Rusticité : jusqu'à -8 °C.

Utilisation : principalement en contenants.

Culture : bien que ces plantes tolèrent une certaine sécheresse, arrosez-les environ deux fois par semaine durant l'été. Au début d'octobre, avant les fortes gelées d'automne, taillez les hampes florales et rentrez les agapanthes dans un endroit frais mais hors d'atteinte du gel. Durant cette période, alors que le métabolisme de ces plantes est au ralenti, n'arrosez que lorsque le terreau est sec depuis quelques jours.

Ageratum houstonianum
agérate

Famille : composées.

Type : plantes herbacées annuelles.

Floraison : fleurs possédant de longues étamines qui leur confèrent un aspect duveteux. Selon les cultivars, les fleurs sont blanches, roses, pourpres, mauves ou bleues.

Hauteur : 15 cm à 60 cm (6 po à 24 po) selon les cultivars.

Exposition : soleil, mi-ombre.

Sol (contenants) : terreau composé de deux tiers de substrat spécialement conçu pour les contenants et d'un tiers de compost, frais. Ajoutez un peu de perlite grossière afin d'assurer un bon drainage.

Sol (pleine terre) : terre à jardin brune, fraîche et bien drainée.

Rusticité : jusqu'à -3 °C.

Utilisation : en contenants et en pleine terre.

Culture : ces annuelles sont faciles à cultiver si le sol dans lequel elles sont plantées reste toujours frais.

Cultivars proposés :
A. houstonianum 'Blue Horizon', p. 110-112, 146.
A. houstonianum 'Hawaii Blue', p. 112.
A. houstonianum 'Red Sea', p. 112.

Amaranthus caudatus
amarante queue-de-renard

Famille : amaranthacées.

Type : plantes herbacées annuelles.

Floraison : longues grappes pourpres ou vertes, selon les cultivars, qui retombent.

Hauteur : 60 cm à 1,5 m (2 pi à 5 pi) selon les cultivars.

Exposition : soleil.

Sol (pleine terre) : tolèrent un sol sableux, mais préfèrent une terre à jardin brune amendée d'un peu de compost et bien drainée.

Rusticité : dépérissent dès la première gelée automnale.

Utilisation : principalement en pleine terre.

Culture : bien que ces plantes tolèrent une certaine sécheresse, elles connaissent habituellement une croissance supérieure si elles sont arrosées régulièrement.

Espèce proposée : *A. caudatus*, p. 147.

Amaranthus tricolor
amarante tricolore

Famille : amaranthacées.

Type : plantes herbacées annuelles.

Feuillage : feuilles colorées de jaune, d'orange, de rose, de rouge, de pourpre ou de bronze, selon les cultivars.

Hauteur : 45 cm à 1,2 m (18 po à 4 pi) selon les cultivars.

Exposition : soleil.

Sol (pleine terre) : tolèrent un sol sableux, mais préfèrent une terre à jardin brune amendée d'un peu de compost et bien drainée.

Rusticité : dépérissent dès la première gelée automnale.

Utilisation : principalement en pleine terre.

Culture : bien que ces plantes tolèrent une certaine sécheresse, elles connaissent habituellement une croissance supérieure si elles sont arrosées régulièrement.

Cultivar proposé :
A. tricolor 'Early Splendor', p. 145.

Anagallis monellii
anagallis

Famille : primulacées.

Type : plantes herbacées vivaces tendres, traitées comme des annuelles.

Floraison : fleurs bleues au cœur blanc et rouge.

Hauteur : 40 cm (16 po).

Exposition : soleil, mi-ombre.

Sol (contenants) : terreau composé de deux tiers de substrat spécialement conçu pour les contenants et d'un tiers de compost, frais. Ajoutez un peu de perlite grossière afin d'assurer un bon drainage.

Sol (pleine terre) : terre à jardin brune, fraîche et bien drainée.

Rusticité : jusqu'à -8 °C.

Utilisation : en contenants et en pleine terre.

Culture : assurez-vous que les racines de l'anagallis croissent dans un sol ombragé et frais. Ne maintenez pas son terreau trop humide, laissez-le sécher légèrement entre deux arrosages.

Cultivar proposé : *A.* 'Skylover', p. 96-97, 106-107.

Antirrhinum
muflier

Famille : scrophulariacées.

Type : plantes herbacées ou suffrutescentes vivaces, traitées comme annuelles.

Floraison : fleurs tubulaires très caractéristiques de couleur blanche, jaune, orange, rose, rouge ou pourpre selon les cultivars.

Hauteur : 15 cm à 1 m (6 po à 39 po) selon les cultivars.

Exposition : soleil, mi-ombre.

Sol (contenants) : terreau composé de deux tiers de substrat spécialement conçu pour les contenants et d'un tiers de compost, frais. Ajoutez un peu de perlite grossière afin d'assurer un bon drainage.

Sol (pleine terre) : terre à jardin brune, fraîche et bien drainée.

Rusticité : jusqu'à -8 °C.

Utilisation : en contenants et en pleine terre.

Culture : les mufliers peuvent être plantés à l'extérieur bien avant que les risques de gel soient définitivement écartés.

Amaranthus caudatus.

Antirrhinum 'Tahiti Red'.

Anagallis 'Skylover' et *Portulaca* 'Hot Shot Fuchsia'.

Argyranthemum frutescens 'White Compact'.

Asparagus densiflorus 'Sprengeri'.

Begonia 'Coco Ducolor'.

Argyranthemum frutescens
marguerite arbustive

Famille : composées.

Type : plantes suffrutescentes vivaces, traitées comme des annuelles (qui peuvent être rentrées à l'intérieur durant l'hiver).

Floraison : jolies inflorescences blanches au cœur jaune, identiques à celles des grandes marguerites de nos plates-bandes. On retrouve aussi sur le marché des variétés aux pétales jaunes ou roses.

Hauteur : 30 cm à 1 m (12 po à 39 po) selon les cultivars.

Exposition : soleil, mi-ombre.

Sol (contenants) : terreau composé d'une moitié de substrat spécialement conçu pour les contenants et d'une moitié de compost, frais. Ajoutez un peu de perlite grossière afin d'assurer un bon drainage.

Sol (pleine terre) : terre riche, fraîche et bien drainée.

Rusticité : ne faites pas subir de températures inférieures à 2 °C à ces plantes.

Utilisation : en contenants et en pleine terre.

Culture : en coupant régulièrement les fleurs fanées, vous obtiendrez une floraison très abondante. Maintenez le terreau toujours frais puisque les marguerites arbustives n'apprécient pas les périodes de sécheresse.

Cultivars proposés :
A. frutescens 'Butterfly', p. 84.
A. frutescens 'Summer Pink', p. 70-71, 84.
A. frutescens 'White Compact', p. 84-85, 98-99.

Asparagus densiflorus
asperge

Famille : asparagacées.

Type : plantes herbacées vivaces tendres, traitées comme des annuelles (qui peuvent être rentrées à l'intérieur durant l'hiver).

Feuillage : petites feuilles vertes et minces portées par des tiges retombantes très gracieuses dont la longueur varie selon les cultivars.

Longueur : jusqu'à 1 m (3 pi).

Exposition : soleil, mi-ombre, ombre légère, ombre moyenne.

Sol (contenants) : terreau composé de deux tiers de substrat spécialement conçu pour les contenants et d'un tiers de compost.

Rusticité : ne faites pas subir de températures inférieures à 0 °C à ces plantes.

Utilisation : principalement en contenants.

Culture : ces plantes, qui s'adaptent à différentes conditions, demandent peu d'eau et de soins. Toutefois, avec une fertilisation et un arrosage réguliers, elles connaîtront une croissance supérieure. Rentrez-les à l'intérieur vers la fin de septembre, avant la première gelée automnale. Rempotez-les chaque année au printemps et divisez-les après deux ou trois ans.

Cultivar proposé :
Asparagus densiflorus 'Sprengeri', p. 54, 113.

Begonia Semperflorens-Cultorum Hybrides
(commercialisé sous le nom de B. semperflorens)
bégonia des jardins

Famille : bégoniacées.

Type : plantes herbacées annuelles ou vivaces tendres traitées comme des annuelles.

Feuillage : certains cultivars ont un feuillage vert teinté de pourpre ou complètement pourpre.

Floraison : petites fleurs blanches, roses ou rouges selon les cultivars.

Hauteur : 15 cm à 30 cm (6 po à 12 po) selon les cultivars.

Exposition : soleil, mi-ombre, ombre légère.

Sol (contenants) : terreau composé de deux tiers de substrat spécialement conçu pour les contenants et d'un tiers de compost, frais. Ajoutez un peu de perlite grossière afin d'assurer un bon drainage.

Sol (pleine terre) : terre à jardin brune amendée d'un peu de compost, fraîche et bien drainée.

Rusticité : dépérissent dès la première gelée automnale.

Utilisation : en contenants et en pleine terre.

Culture : les bégonias des jardins sont des plantes qui demandent peu de soins.

Begonia Tuberhybrida Hybrides

(commercialisé sous le nom de B. x tuberhybrida)
bégonia tubéreux

Famille : bégoniacées.
Type : plantes herbacées vivaces tendres, traitées comme des annuelles (dont on peut rentrer les tubercules à l'intérieur durant l'hiver).
Floraison : grandes fleurs simples ou doubles de couleur blanche, jaune, orange, rose ou rouge selon les cultivars.
Hauteur : 20 cm à 40 cm (8 po à 16 po) selon les cultivars.
Exposition : mi-ombre, ombre légère, ombre moyenne.
Sol (contenants) : terreau riche composé d'une moitié de substrat spécialement conçu pour les contenants et d'une moitié de compost, humide. Ajoutez de la perlite grossière afin d'assurer un bon drainage.
Sol (pleine terre) : terre riche, humide et bien drainée.
Rusticité : ne faites pas subir de températures inférieures à 5 °C à ces plantes.
Utilisation : en contenants et en pleine terre.
Culture : maintenez le terreau toujours humide sans qu'il soit pour autant détrempé. Évitez de mouiller le feuillage. Éliminez systématiquement les fleurs, les feuilles et les tiges mortes afin d'empêcher la propagation de pourriture. En septembre, lorsque vos bégonias tubéreux commencent à dépérir, sortez les tubercules du sol ou des contenants, enlevez la terre qui les recouvre et laissez-les sécher quelques jours à l'abri du soleil. Gardez-les durant l'hiver dans de la tourbe de sphaigne à peine fraîche, dans un endroit hors d'atteinte du gel où la température avoisine 10 °C. Chaque mois, vérifiez l'état de vos tubercules. Aspergez d'un peu d'eau ceux qui sont ratatinés et appliquez du soufre en poudre sur ceux qui commencent à pourrir. En avril, plantez-les dans des contenants à l'intérieur de votre maison sous éclairage artificiel ou dans une pièce orientée vers l'est. Fertilisez à quelques reprises avec un engrais riche en azote. Plantez ensuite vos bégonias à l'extérieur environ deux semaines après la date du dernier gel dans votre région.
Cultivars proposés :
B. 'Charisma Orange', p. 53.
B. 'Dragonwings', p. 159.
B. 'Nonstop White', p. 113, 168.
B. 'Nonstop Yellow', p. 117.
B. 'Pin-up Flame', p. 140.
B. 'Sugar Candy', p. 114-115.

Bidens ferulifolia

bident

Famille : composées.
Type : plantes herbacées retombantes vivaces tendres, traitées comme des annuelles.
Floraison : petites fleurs à cinq pétales de couleur jaune.
Hauteur : 40 cm à 75 cm (16 po à 30 po) selon les cultivars.
Exposition : soleil.
Sol (contenants) : terreau composé de deux tiers de substrat spécialement conçu pour les contenants et d'un tiers de compost. Ajoutez de la perlite grossière afin d'assurer un bon drainage.
Rusticité : dépérissent lorsque la température est inférieure à 5 °C.
Utilisation : principalement en contenants.
Culture : lors de la plantation, taillez ces plantes de moitié afin d'obtenir plus de tiges et de fleurs. Les divers cultivars de bidents tolèrent une période de sécheresse.
Espèce proposée : B. ferulifolia, p. 98-99.

Begonia 'Vodka'.

Begonia 'Pin-up Flame'.

Bidens ferulifolia.

Borago officinalis.

Bougainvillea glabra 'Variegata' et B. spectabilis 'Lady Wilson'.

Brachyscome iberidifolia.

Borago officinalis
bourrache

Famille : boraginacées.

Type : plantes herbacées annuelles.

Floraison : petites fleurs à cinq pétales en forme d'étoile, de couleur bleu vif. On trouve quelquefois sur le marché des cultivars aux fleurs blanches ou roses.

Hauteur : 45 cm à 75 cm (18 po à 30 po) selon les cultivars.

Exposition : soleil, mi-ombre.

Sol (contenants) : terreau composé de deux tiers de substrat spécialement conçu pour les contenants et d'un tiers de compost. Ajoutez un peu de perlite grossière afin d'assurer un bon drainage.

Sol (pleine terre) : terre à jardin brune bien drainée.

Rusticité : les semences passent facilement l'hiver sous la neige, germant au printemps suivant.

Utilisation : en contenants et en pleine terre.

Culture : les bourraches sont des plantes qui s'adaptent à différentes situations et qui tolèrent une certaine sécheresse. Ce sont des annuelles magnifiques mais un peu envahissantes, car elles se ressèment facilement. Coupez les fleurs dès qu'elles sont fanées pour éviter les semis spontanés.

Bougainvillea
bougainvillée ou bougainvillier

Famille : nyctaginacées.

Type : plantes ligneuses grimpantes ou retombantes, traitées comme des annuelles (qui peuvent être rentrées à l'intérieur durant l'hiver).

Feuillage : quelques cultivars possèdent un feuillage vert panaché de crème ou de jaune.

Floraison : fleurs tubulaires accompagnées de bractées colorées de jaune, d'orange, de rose, de rouge, de pourpre ou de violet selon les espèces et les cultivars.

Hauteur : jusqu'à 3 m (10 pi).

Exposition : soleil.

Sol (contenants) : terreau composé de deux tiers de substrat spécialement conçu pour les contenants et d'un tiers de compost, frais.

Rusticité : jusqu'à -2 °C.

Utilisation : principalement en contenants.

Culture : vers la fin de septembre, vous pouvez rentrer les bougainvillées dans la maison. Placez-les dans un endroit bien ensoleillé mais peu chauffé. Durant cette période, diminuez les arrosages. Taillez-les de moitié lorsque leur floraison est terminée ou à la fin de l'hiver, afin de stimuler la formation des nouvelles pousses qui porteront les fleurs.

Brachyscome iberidifolia
brachyscome à feuilles d'ibéride

Famille : composées.

Type : plantes herbacées vivaces tendres, traitées comme des annuelles.

Floraison : inflorescences composées d'une multitude de petites fleurs noires ou jaunes sans pétales formant le cœur et, au pourtour, de quelques fleurs possédant un seul pétale de couleur blanche, jaune, rose, violette, mauve ou bleue selon les cultivars.

Hauteur : 15 cm à 30 cm (6 po à 12 po) selon les cultivars.

Exposition : soleil, mi-ombre.

Sol (contenants) : terreau composé de deux tiers de substrat spécialement conçu pour les contenants et d'un tiers de compost, frais. Ajoutez un peu de perlite grossière afin d'assurer un bon drainage.

Sol (pleine terre) : terre à jardin brune, fraîche et bien drainée.

Rusticité : dépérissent dès la première gelée automnale.

Utilisation : en contenants et en pleine terre.

Culture : une ou deux fois en début de saison, taillez légèrement les brachyscomes afin que leur feuillage soit dense et la production de fleurs plus importante. Assurez-vous que le sol soit constamment frais afin d'éviter leur dépérissement.

Espèce et cultivar proposés :

B. iberidifolia, p. 108.

B. iberidifolia 'Bravo Deep Blue', p. 59, 74-75, 86-87, 100, 108-109.

Bracteantha bracteata
immortelle

Famille : composées.

Type : plantes herbacées annuelles ou vivaces tendres traitées comme des annuelles.

Floraison : inflorescences dont les pétales semblent faits de paille. Selon les cultivars, les inflorescences sont blanches, jaunes, orange, roses, rouges, pourpres ou bronze.

Hauteur : 20 cm à 90 cm (8 po à 36 po) selon les cultivars.

Exposition : ensoleillement intense.

Sol (contenants) : terreau composé uniquement de substrat spécialement conçu pour les contenants. Ajoutez de la perlite grossière afin d'assurer un bon drainage.

Sol (pleine terre) : s'adaptent à une terre sableuse, sèche et bien drainée, mais poussent aussi très bien dans une terre à jardin brune.

Rusticité : jusqu'à -2 °C.

Utilisation : en contenants et en pleine terre.

Culture : la plupart des cultivars d'immortelles apprécient bien la chaleur et s'accommodent d'une certaine sécheresse. Laissez bien sécher le sol entre deux arrosages.

Brassica oleracea
chou ornemental

Famille : crucifères.

Type : plantes herbacées annuelles ou bisannuelles traitées comme des annuelles.

Feuillage : grandes feuilles pourpres, bronze ou vertes teintées de bleu, habituellement découpées, frisées ou crispées selon les cultivars. Le cœur de certaines variétés est coloré de blanc, de rose ou de rouge pourpré.

Hauteur : 25 cm à 45 cm (10 po à 18 po) selon les cultivars.

Exposition : soleil, mi-ombre.

Sol (contenants) : terreau composé de deux tiers de substrat spécialement conçu pour les contenants et d'un tiers de compost, frais.

Sol (pleine terre) : terre à jardin brune fraîche.

Rusticité : jusqu'à -12 °C. La plupart des cultivars

de choux ornementaux bisannuels peuvent même survivre à l'hiver sous un bon couvert de neige.

Utilisation : en contenants et en pleine terre.

Culture : évitez d'arroser le feuillage. Éliminez les feuilles de la base qui jaunissent. Plantez les choux ornementaux profondément de façon que la tige soit enfouie jusqu'aux premières feuilles.

Cultivars proposés :

B. oleracea 'Nagoya Red', p. 110-111.
B. oleracea 'Nagoya White', p. 80-81.

Browallia speciosa
browallie à grandes fleurs

Famille : solanacées.

Type : plantes herbacées vivaces tendres, traitées comme des annuelles.

Floraison : fleurs blanches, mauves, violettes ou bleues, selon les cultivars.

Hauteur : 20 cm à 45 cm (8 po à 18 po) selon les cultivars.

Exposition : soleil, mi-ombre, ombre légère.

Sol (contenants) : terreau composé de deux tiers de substrat spécialement conçu pour les contenants et d'un tiers de compost, frais. Ajoutez un peu de perlite grossière afin d'assurer un bon drainage.

Sol (pleine terre) : terre à jardin brune amendée d'un peu de compost, fraîche et bien drainée.

Rusticité : dépérissent dès la première gelée automnale.

Utilisation : en contenants et en pleine terre.

Culture : une ou deux fois en début de saison, taillez légèrement les browallies afin que leur feuillage soit dense et la production de fleurs plus importante. Maintenez le sol constamment frais.

Brachyscome iberidifolia 'Bravo Deep Blue' et *Artemisia stelleriana* 'Silver Brocade'.

Brassica oleracea cvs.

Browallia speciosa 'Blue Bells' et *Petunia* 'Celebrity Lilac'.

Brugmansia x *insignis* 'Pink'.

Caladium bicolor 'Aaron'.

Calendula officinalis.

Brugmansia
brugmansia

Famille : solanacées.

Type : plantes ligneuses arborescentes traitées comme des annuelles (qui peuvent être rentrées à l'intérieur durant l'hiver).

Floraison : impressionnantes fleurs en forme de trompette, retombantes ou semi-érigées. Selon les espèces et les cultivars, les fleurs sont de couleur blanche, jaune, orange, rose ou rouge.

Hauteur : jusqu'à 5 m (16 pi).

Exposition : soleil, mi-ombre (une exposition sud-est convient parfaitement à la plupart des espèces et cultivars).

Sol (contenants) : terreau riche composé d'une partie de substrat spécialement conçu pour les contenants et d'une partie de compost, toujours frais.

Rusticité : ne faites pas subir de températures inférieures à 0 °C à ces plantes.

Utilisation : principalement en contenants.

Culture : au cœur de l'été, les brugmansias demandent un sol constamment frais et une fertilisation très soutenue. Deux à trois fois par semaine, au moment de l'arrosage, épandez une petite poignée d'engrais riche en phosphore et en potassium directement sur la surface du terreau. Vers la fin de septembre, avant les premières gelées, coupez toutes les feuilles de vos brugmansias, en prenant soin d'épargner les jeunes pousses terminales. Si vos plants sont trop gros, vous pouvez rabattre les branches de moitié. Ensuite, rentrez-les dans une pièce fraîche où la température se situe entre 7 et 15 °C. Durant cette période, n'arrosez qu'une à deux fois par mois. Rempotez vos brugmansias chaque année, au printemps.

Espèces et cultivars proposés :

B. x *candida*, p. 190.

B. x *insignis* 'Frosty Pink', p. 188.

B. x *insignis* 'Pink', p. 187.

B. sanguinea, p. 188.

B. versicolor 'Grand Marnier', p. 189.

Caladium bicolor
caladium bicolore

Famille : aracées.

Type : plantes herbacées vivaces tendres, traitées comme des annuelles (qui peuvent être rentrées à l'intérieur durant l'hiver).

Feuillage : grosses feuilles ovales vertes marquées de blanc, de rose ou de rouge selon les cultivars.

Hauteur : 30 cm à 45 cm (12 po à 18 po).

Exposition : mi-ombre, ombre légère.

Sol (contenants) : terreau riche composé d'une partie de substrat spécialement conçu pour les contenants, d'une partie de compost et d'une partie de tourbe de sphaigne, humide.

Sol (pleine terre) : terre riche amendée d'un peu de tourbe de sphaigne et humide.

Rusticité : dépérissent dès la première gelée automnale.

Utilisation : en contenants et en pleine terre.

Culture : maintenez le sol humide en effectuant deux à trois arrosages par semaine durant l'été. Évitez de mouiller le feuillage. Coupez régulièrement les feuilles mortes.

Cultivar proposé : *C. bicolor* 'Aaron', p. 159.

Calendula officinalis
souci

Famille : composées.

Type : plantes herbacées annuelles.

Floraison : fleurs habituellement doubles ressemblant à des marguerites de couleur crème, jaune ou orange selon les cultivars.

Hauteur : 30 cm à 60 cm (12 po à 24 po) selon les cultivars.

Exposition : soleil, mi-ombre.

Sol (contenants) : terreau composé de deux tiers de substrat spécialement conçu pour les contenants et d'un tiers de compost. Ajoutez un peu de perlite grossière afin d'assurer un bon drainage.

Sol (pleine terre) : terre à jardin brune bien drainée.

Rusticité : jusqu'à -12 °C.

Utilisation : en contenants et en pleine terre.
Culture : bien que ces plantes tolèrent une certaine sécheresse, elles donnent habituellement une plus belle floraison si elles sont arrosées régulièrement.

Calibrachoa
calibrachoa

Famille : solanacées.
Type : plantes herbacées retombantes vivaces peu longévives, traitées comme des annuelles.
Floraison : petites fleurs semblables à celles des pétunias dans les teintes de blanc, de jaune, de jaune maculé de rouge, de rose ou de bleu violacé, selon les cultivars.
Longueur : jusqu'à 60 cm (24 po).
Exposition : soleil, mi-ombre.
Sol (contenants) : terreau composé de deux tiers de substrat spécialement conçu pour les contenants et d'un tiers de compost, frais. Ajoutez un peu de perlite grossière afin d'assurer un bon drainage.
Sol (pleine terre) : terre brune à jardin amendée d'un peu de compost, fraîche et bien drainée.
Rusticité : jusqu'à -3 °C.
Utilisation : en contenants et en pleine terre.
Culture : au moment de la plantation, taillez ces plantes de moitié afin d'obtenir plus de tiges et de fleurs. Lorsqu'ils sont cultivés en pots, les divers cultivars de calibrachoas nécessitent une fertilisation régulière. Assurez-vous également que leurs racines croissent dans un sol ombragé et frais. Dans les contenants, disposez-les vers le centre, afin que leur base soit recouverte par le feuillage des autres plantes qui les accompagnent. Ne maintenez pas leur terreau trop humide, laissez-le sécher légèrement entre deux arrosages. En pleine terre, les calibrachoas peuvent former un couvre-sol intéressant.
Cultivars proposés :
C. 'Million Bells Blue', p. 71.
C. 'Million Bells Cherry Pink', p. 69-71, 110-111.
C. 'Terra Cotta', p. 71.
C. 'Trailing Million Bells White', p. 71, 96-97.

Canna
canna

Famille : cannacées.
Type : plantes herbacées vivaces tendres, traitées comme des annuelles (dont on peut rentrer les rhizomes à l'intérieur durant l'hiver).
Feuillage : grosses feuilles elliptiques jaunes, pourpres ou vertes parfois striées de crème, de jaune, d'orange, de rose ou de vert selon les cultivars.
Floraison : fleurs d'allure exotique de couleur crème, jaune, orange, rose ou rouge selon les cultivars.
Hauteur : 75 cm à 2 m (30 po à 80 po) selon les cultivars.
Exposition : soleil.
Sol (contenants) : terreau riche composé d'une partie de substrat spécialement conçu pour les contenants et d'une partie de compost, humide.
Sol (pleine terre) : terre riche et humide.
Rusticité : dépérissent dès la première gelée automnale.
Utilisation : en contenants et en pleine terre.
Culture : cultivés en contenants, les cannas demandent une fertilisation et des arrosages très fréquents et constants. En octobre, lorsque vos cannas ont subi la première gelée, sortez les rhizomes du sol ou des contenants, enlevez la terre qui les recouvre et laissez-les sécher quelques jours à l'abri du soleil. Gardez-les durant l'hiver dans un endroit hors d'atteinte du gel où la température avoisine 7 °C. Chaque mois, vérifiez l'état de vos rhizomes. Aspergez d'un peu d'eau ceux qui sont ratatinés et appliquez du soufre en poudre sur ceux qui commencent à pourrir. En avril, plantez-les dans des contenants à l'intérieur de votre maison sous éclairage artificiel ou dans une pièce orientée vers le sud. À ce moment, vous pouvez les diviser en morceaux comprenant chacun deux à trois bourgeons. Plantez ensuite vos cannas à l'extérieur lorsque tout risque de gel est écarté, vers la fin de mai.
Cultivars proposés :
C. 'Durban', p. 156.
C. 'Tropicanna', p. 119, 172.

Calibrachoa 'Million Bells Cherry Pink'.

Canna 'Talisman' et *Verbena bonariensis*.

Canna 'Tropicanna'.

Capsicum annuum 'Pretty in Purple' (groupe Cerasiforme).

Catharanthus roseus 'Mediterranean Lilac'.

Celosia argentea 'New Look' (groupe Plumosa) et *Solenostemon scutellarioides* 'Wizard Golden'.

Capsicum annuum
piment

Famille : solanacées.

Type : plantes herbacées annuelles.

Floraison : discrètes fleurs blanches qui se transforment en jolis fruits jaunes, orange, rouges, pourpres, bruns ou verts selon les variétés. Les cultivars qui font partie des groupes Cerasiforme, Conioides et Longum sont les plus ornementaux.

Hauteur : 20 cm à 75 cm (8 po à 30 po) selon les cultivars.

Exposition : ensoleillement intense.

Sol (contenants) : terreau riche composé d'une partie de substrat spécialement conçu pour les contenants et d'une partie de compost, humide. Ajoutez de la perlite grossière afin d'assurer un bon drainage.

Sol (pleine terre) : terre riche, légère, humide et bien drainée.

Rusticité : dépérissent lorsque la température est inférieure à 5 °C.

Utilisation : en contenants et en pleine terre.

Culture : afin d'obtenir de beaux fruits, assurez-vous de maintenir le terreau toujours humide.

Catharanthus roseus
pervenche de Madagascar

Famille : apocynacées.

Type : plantes herbacées vivaces tendres, traitées comme des annuelles.

Floraison : fleurs à cinq pétales de couleur blanche, rose ou mauve selon les cultivars.

Hauteur : 15 cm à 30 cm (6 po à 12 po) selon les cultivars.

Exposition : soleil, mi-ombre.

Sol (contenants) : terreau composé de deux tiers de substrat spécialement conçu pour les contenants et d'un tiers de compost. Ajoutez un peu de perlite grossière afin d'assurer un bon drainage.

Sol (pleine terre) : terre à jardin brune bien drainée.

Rusticité : dépérissent dès la première gelée automnale.

Utilisation : en contenants et en pleine terre.

Culture : une ou deux fois en début de saison, taillez légèrement les pervenches de Madagascar afin que leur feuillage soit dense et la production de fleurs plus importante. Bien que ces plantes tolèrent une certaine sécheresse, elles produisent habituellement une plus belle floraison si elles sont arrosées régulièrement.

Celosia argentea
célosie

Famille : amaranthacées.

Type : plantes herbacées annuelles.

Feuillage : certains cultivars possèdent des feuilles de couleur pourpre ou bronze.

Floraison : les célosies faisant partie des groupes Plumosa et Spicata possèdent des fleurs qui sont regroupées en panicules dressées de couleur crème, jaune, orange, rose, rouge ou pourpre selon les cultivars, tandis que les plantes qui appartiennent au groupe Cristata produisent des inflorescences dont la forme étrange rappelle vaguement celle d'un chou-fleur.

Hauteur : 15 cm à 1,5 m (6 po à 60 po) selon les cultivars.

Exposition : soleil.

Sol (contenants) : terreau composé de deux tiers de substrat spécialement conçu pour les contenants et d'un tiers de compost. Ajoutez un peu de perlite grossière afin d'assurer un bon drainage.

Sol (pleine terre) : terre à jardin brune bien drainée.

Rusticité : dépérissent dès la première gelée automnale.

Utilisation : cultivé en contenants et en pleine terre.

Culture : Bien que ces plantes tolèrent une certaine sécheresse, elles connaissent habituellement une croissance supérieure si elles sont arrosées régulièrement.

Cultivar proposé :
C. argentea 'New Look' (groupe Plumosa), p. 136.

Centaurea cyanus
centaurée

Famille : composées.

Type : plantes herbacées annuelles.

Floraison : fleurs très caractéristiques de couleur blanche, rose, rouge, pourpre, mauve, violette ou bleue selon les cultivars.

Hauteur : 30 cm à 90 cm (12 po à 36 po) selon les cultivars.

Exposition : soleil.

Sol (contenants) : terreau composé de deux tiers de substrat spécialement conçu pour les contenants et d'un tiers de compost. Ajoutez un peu de perlite grossière afin d'assurer un bon drainage.

Sol (pleine terre) : terre à jardin brune bien drainée.

Rusticité : les semences passent parfois l'hiver sous la neige, germant au printemps suivant.

Utilisation : en contenants et en pleine terre.

Culture : évitez de cultiver en sol trop riche et ne fertilisez presque pas. Procédez à plusieurs semis pour obtenir une floraison continue.

Cerinthe major
grande cérinthe

Famille : boraginacées.

Type : plantes herbacées annuelles ou vivaces peu longévives traitées comme des annuelles.

Feuillage : le cultivar 'Purpurascens' possède des feuilles bleues.

Floraison : fleurs retombantes de couleur jaune chez l'espèce et rose pourpré chez 'Purpurascens'.

Hauteur : 60 cm (24 po).

Exposition : soleil, mi-ombre.

Sol (contenants) : terreau composé de deux tiers de substrat spécialement conçu pour les contenants et d'un tiers de compost. Ajoutez un peu de perlite grossière afin d'assurer un bon drainage.

Sol (pleine terre) : terre à jardin brune bien drainée.

Rusticité : jusqu'à -2 °C.

Utilisation : en contenants et en pleine terre.

Culture : plantes qui s'adaptent à différentes situations et qui tolèrent une certaine sécheresse.

Cultivar proposé : *C. major* 'Purpurascens', p. 148.

Chlorophytum comosum
phalangère ou plante-araignée

Famille : anthericacées.

Type : plantes herbacées vivaces, traitées comme des annuelles (qui peuvent être rentrées à l'intérieur durant l'hiver).

Feuillage : feuilles vertes très étroites et recourbées. La plupart des cultivars possèdent des feuilles vertes panachées de blanc, de crème ou de jaune.

Hauteur : 15 cm à 40 cm (6 po à 16 po) selon les cultivars.

Exposition : soleil (les cultivars à feuillage panaché préfèrent la mi-ombre).

Sol (contenants) : terreau composé de deux tiers de substrat spécialement conçu pour les contenants et d'un tiers de compost, à peine frais. Ajoutez un peu de perlite grossière afin d'assurer un bon drainage.

Sol (pleine terre) : terre à jardin brune, à peine fraîche et bien drainée.

Rusticité : dépérissent lorsque la température est inférieure à 3 °C.

Utilisation : en contenants et en pleine terre.

Culture : laissez le terreau sécher une journée entre deux arrosages. Rempotez ces plantes tous les deux ou trois ans.

Centaurea cyanus et *Rudbeckia hirta* 'Indian Summer'.

Chlorophytum comosum 'Vittatum'.

Cerinthe major 'Purpurascens' et *Solenostemon scutellarioides* 'Kiwi Fern'.

Chrysanthemum x morifolium cvs.

Cleome 'Violet Queen'.

Cobaea scandens.

Chrysanthemum x morifolium
chrysanthème d'automne

Famille : composées.
Type : plantes herbacées ou suffrutescentes vivaces, généralement peu rustiques et traitées comme des annuelles.
Floraison : fleurs qui s'épanouissent durant la période automnale, semblables à celles des marguerites. Selon les cultivars, les fleurs sont simples ou doubles, de couleur blanche, jaune, orange, rose, rouge, pourpre ou bronze.
Hauteur : 30 cm à 75 cm (12 po à 30 po) selon les cultivars.
Exposition : soleil.
Sol (contenants) : terreau composé de deux tiers de substrat spécialement conçu pour les contenants et d'un tiers de compost, frais. Ajoutez un peu de perlite grossière afin d'assurer un bon drainage.
Sol (pleine terre) : terre à jardin brune, fraîche et bien drainée.
Rusticité : quelques cultivars peuvent survivre à l'hiver sous un bon couvert de neige, mais la plupart dépérissent lorsque la température atteint environ -6 °C.
Utilisation : en contenants et en pleine terre.
Culture : au jardin, plantez des chrysanthèmes d'automne achetés en pots vers la fin d'août et en septembre. Ne mouillez pas le feuillage lorsque vous arrosez ces plantes.

Cleome
cléome

Famille : capparidacées.
Type : plantes herbacées annuelles.
Floraison : fleurs réunies en masses arrondies à l'extrémité des tiges dans les teintes de blanc, de rose et de mauve, selon les cultivars.
Hauteur : 90 cm à 1,5 m (3 pi à 5 pi) selon les cultivars.
Exposition : soleil, mi-ombre.
Sol (pleine terre) : terre à jardin brune, légère et bien drainée.
Rusticité : dépérissent dès la première gelée automnale.

Utilisation : principalement en pleine terre.
Culture : plantes qui s'adaptent à différentes situations et qui tolèrent la chaleur ainsi qu'une certaine sécheresse.

Cobaea scandens
cobée

Famille : polémoniacées.
Type : plantes herbacées grimpantes vivaces tendres, traitées comme des annuelles.
Floraison : grandes clochettes bleu violacé ou blanches chez le cultivar 'Alba'.
Hauteur : jusqu'à 5 m (16 pi).
Exposition : soleil, mi-ombre.
Sol (contenants) : terreau composé de deux tiers de substrat spécialement conçu pour les contenants et d'un tiers de compost, frais. Ajoutez un peu de perlite grossière afin d'assurer un bon drainage.
Sol (pleine terre) : terre à jardin brune, fraîche et bien drainée.
Rusticité : dépérissent lorsque la température est inférieure à 5 °C.
Utilisation : en contenants et en pleine terre.
Culture : comme les cobées fleurissent assez tardivement, il est préférable de les semer dans des pots à l'intérieur de votre maison vers la fin de mars ou au début d'avril. Une lumière assez intense et une température avoisinant 20 °C vous permettront d'obtenir une bonne germination. Plantez-les ensuite à l'extérieur lorsque tout risque de gel est écarté dans votre région. Toutefois, dans certaines jardineries, on retrouve des cobées vendues en pots et prêtes à être plantées au jardin.
Espèce proposée : *C. scandens*, p. 163.

Cordyline australis
dracéna ou cordyline

Famille : agavacées.

Type : plantes ligneuses arbustives ou arborescentes, traitées comme des annuelles (qui peuvent être rentrées à l'intérieur durant l'hiver).

Feuillage : longues feuilles vertes très étroites. Outre certaines variétés dont le feuillage est entièrement de couleur bronze ou vert, la plupart des cultivars possèdent des feuilles panachées de crème, de jaune, de rose, de rouge ou de bronze.

Hauteur : jusqu'à environ 1,5 m (5 pi).

Exposition : soleil, mi-ombre.

Sol (contenants) : terreau composé uniquement de substrat spécialement conçu pour les contenants. Ajoutez de la perlite grossière afin d'assurer un bon drainage.

Sol (pleine terre) : s'adaptent à une terre sableuse, sèche et bien drainée, mais poussent aussi très bien dans une terre à jardin brune.

Rusticité : jusqu'à -3 °C.

Utilisation : en contenants et en pleine terre.

Culture : en septembre, dès que la température descend sous 5 °C, rentrez vos dracénas à l'intérieur. Placez-les dans un endroit frais et ensoleillé et, durant cette période, arrosez-les deux à trois fois par mois. Durant l'été, les arrosages doivent être plus fréquents, soit un ou deux par semaine.

Espèce proposée : C. australis, p. 110-111.

Cosmos bipinnatus
cosmos

Famille : composées.

Type : plantes herbacées annuelles.

Floraison : inflorescences composées d'une multitude de petites fleurs jaunes sans pétales formant le cœur et, au pourtour, de quelques fleurs possédant un seul pétale de couleur blanche ou rose selon les cultivars.

Hauteur : 60 cm à 1,2 m (24 po à 4 pi) selon les cultivars.

Exposition : soleil.

Sol (contenants) : terreau composé de trois quarts de substrat spécialement conçu pour les contenants et d'un quart de compost. Ajoutez de la perlite grossière afin d'assurer un bon drainage.

Sol (pleine terre) : terre à jardin brune légèrement sableuse, bien drainée.

Rusticité : dépérissent lors de la première gelée automnale.

Utilisation : en contenants et en pleine terre.

Culture : évitez de cultiver en sol trop riche et fertilisez peu.

Cosmos sulphureus
cosmos soufre

Famille : composées.

Type : plantes herbacées vivaces tendres, traitées comme des annuelles.

Floraison : inflorescences composées d'une multitude de petites fleurs jaunes sans pétales formant le cœur et, au pourtour, de quelques fleurs possédant un seul pétale de couleur jaune ou orange.

Hauteur : 30 cm à 60 cm (12 po à 24 po) selon les cultivars.

Exposition : soleil.

Exposition : ensoleillement intense.

Sol (contenants) : terreau composé uniquement de substrat spécialement conçu pour les contenants. Ajoutez de la perlite grossière afin d'assurer un bon drainage.

Sol (pleine terre) : s'adaptent à une terre sableuse, sèche et bien drainée, mais poussent également bien dans une terre à jardin brune légèrement sableuse.

Rusticité : dépérissent lors de la première gelée automnale.

Utilisation : en contenants et en pleine terre.

Culture : les cultivars de cosmos soufres apprécient bien la chaleur et s'accommodent d'une certaine sécheresse. Laissez bien sécher le sol entre deux arrosages. Évitez de cultiver en sol trop riche et fertilisez peu.

Cordyline australis.

Cosmos bipinnatus 'Sonata White'.

Cosmos sulphureus 'Sunny Orange-Red'.

Dahlia 'Desert Storm'.

Datura metel et *Verbena bonariensis*.

Datura 'Purple Queen'. .

Dahlia
dahlia

Famille : composées.

Type : plantes herbacées vivaces, traitées comme des annuelles (dont on peut rentrer les tubercules à l'intérieur durant l'hiver).

Floraison : plus de 20 000 cultivars dont les fleurs, simples ou doubles, possèdent toutes les couleurs du spectre sauf le bleu.

Hauteur : 15 cm à 1,5 m (6 po à 5 pi) selon les cultivars.

Exposition : soleil.

Sol (contenants) : terreau composé de deux tiers de substrat spécialement conçu pour les contenants et d'un tiers de compost, frais. Ajoutez un peu de perlite grossière afin d'assurer un bon drainage.

Sol (pleine terre) : terre à jardin brune, fraîche et bien drainée.

Rusticité : dépérissent lors de la première gelée automnale.

Utilisation : en contenants et en pleine terre.

Culture : n'arrosez pas trop les dahlias, car les tubercules sont sensibles à la pourriture. Certains grands cultivars nécessitent un tuteurage. En octobre, lorsque vos dahlias ont subi la première gelée, sortez les tubercules du sol ou des contenants, enlevez la terre qui les recouvre et laissez-les sécher quelques jours à l'abri du soleil. Gardez-les durant l'hiver dans de la tourbe de sphaigne à peine fraîche, dans un endroit hors d'atteinte du gel où la température avoisine 7 °C. Chaque mois, vérifiez l'état de vos tubercules. Aspergez d'un peu d'eau ceux qui sont ratatinés et appliquez du soufre en poudre sur ceux qui commencent à pourrir. En avril, plantez-les dans des contenants à l'intérieur de votre maison sous éclairage artificiel ou dans une pièce orientée vers le sud. Plantez ensuite vos dahlias à l'extérieur lorsque tout risque de gel est écarté, vers la fin de mai.

Datura
datura

Famille : solanacées.

Type : plantes herbacées annuelles ou vivaces peu longévives traitées comme des annuelles.

Floraison : fleurs dressées en forme de trompette, de couleur blanche, jaune, mauve ou pourpre selon les espèces et les cultivars.

Hauteur : jusqu'à 2 m (6,5 pi).

Exposition : ensoleillement intense.

Sol (contenants) : terreau riche composé d'une partie de substrat spécialement conçu pour les contenants et d'une partie de compost, frais. Ajoutez un peu de perlite grossière afin d'assurer un bon drainage.

Sol (pleine terre) : terre riche, fraîche et bien drainée.

Rusticité : dépérissent dès la première gelée automnale.

Utilisation : en contenants et en pleine terre.

Culture : au cœur de l'été, les daturas demandent un sol assez frais et une fertilisation très importante. Deux à trois fois par semaine, au moment de l'arrosage, épandez une petite poignée d'engrais riche en phosphore et en potassium directement sur la surface du terreau des daturas en pots.

Espèce proposée : *D. metel*, p. 190.

Dolichos lablab
(syn. *Lablab purpureus*)
dolique

Famille : légumineuses.

Type : plantes herbacées grimpantes vivaces peu longévives, traitées comme des annuelles.

Feuillage : feuilles vertes teintées de pourpre.

Floraison : fleurs roses, ressemblant à celles des pois, se transformant par la suite en fruits de couleur pourpre foncé. On retrouve quelques cultivars aux fleurs blanches ou blanc et rose.

Hauteur : jusqu'à 3 m (10 pi).

Exposition : soleil.

Sol (contenants) : terreau composé de deux tiers de substrat spécialement conçu pour les contenants et d'un tiers de compost. Ajoutez un peu de perlite grossière afin d'assurer un bon drainage.

Sol (pleine terre) : terre à jardin brune bien drainée.

Rusticité : dépérissent dès la première gelée automnale.

Utilisation : en contenants et en pleine terre.

Culture : semés à l'extérieur vers la fin de mai, les doliques recouvriront un treillis ou une pergola en quelques mois. Toutefois, pour obtenir un résultat plus rapide, il est possible de les semer dans des pots à l'intérieur de votre maison en avril, soit environ quatre à cinq semaines avant la mise en terre. Plantez-les ensuite à l'extérieur lorsque tout risque de gel est écarté dans votre région. Dans certaines jardineries, on trouve des doliques vendus en pots et prêts à être plantés au jardin.

Espèce proposée : *D. lablab*, p. 74-75.

Eschscholzia californica
pavot de Californie

Famille : papavéracées.

Type : plantes herbacées annuelles ou vivaces peu longévives traitées comme des annuelles.

Floraison : fleurs en forme de coupes, de couleur crème, jaune, orange, rose ou rouge selon les cultivars.

Hauteur : 15 cm à 40 cm (6 po à 16 po).

Exposition : ensoleillement intense.

Sol (contenants) : terreau composé uniquement de substrat spécialement conçu pour les contenants. Ajoutez de la perlite grossière afin d'assurer un bon drainage.

Sol (pleine terre) : s'adaptent à une terre sableuse, sèche et bien drainée, mais poussent également bien dans une terre à jardin brune légèrement sableuse.

Rusticité : jusqu'à -8 °C.

Utilisation : en contenants et en pleine terre.

Culture : comme ce sont des plantes difficiles à transplanter, il est préférable de les semer directement en pleine terre. Les cultivars de pavots de Californie apprécient bien la chaleur et s'accommodent de la sécheresse. Laissez

bien sécher le sol entre deux arrosages. Évitez de cultiver en sol trop riche et fertilisez peu.

Cultivar proposé : *E. californica* 'Milkmade', p. 138.

Felicia amelloides
félicie ou marguerite bleue

Famille : composées.

Type : plantes suffrutescentes vivaces, traitées comme des annuelles.

Feuillage : le cultivar 'Variegata' possède un feuillage vert panaché de jaune.

Floraison : jolies inflorescences bleues au cœur jaune, semblables à celles des marguerites ; il y a aussi des cultivars aux inflorescences blanches ou mauves.

Hauteur : 20 cm à 40 cm (8 po à 16 po) selon les cultivars.

Exposition : soleil, mi-ombre.

Sol (contenants) : terreau composé de trois quarts de substrat spécialement conçu pour les contenants et d'un quart de compost. Ajoutez de la perlite grossière afin d'assurer un bon drainage.

Sol (pleine terre) : terre à jardin brune sableuse, bien drainée.

Rusticité : dépérissent dès la première gelée automnale.

Utilisation : en contenants et en pleine terre.

Culture : laissez sécher le sol entre deux arrosages. Évitez de cultiver en sol trop riche et fertilisez peu.

Cultivar proposé : *F. amelloides* 'Variegata', p. 77, 86-87.

Dolichos lablab.

Eschscholzia californica 'Ballerina Orange'.

Felicia amelloides.

Fuchsia 'La Campanella'.

Gaillardia pulchella 'Red Plume'.

Fuchsia
fuchsia

Famille : onagracées.

Type : plantes ligneuses arbustives, traitées comme des annuelles (qui peuvent être rentrées à l'intérieur durant l'hiver).

Feuillage : quelques cultivars possèdent un feuillage vert teinté de jaune, de cuivre ou de pourpre, alors que certains autres ont des feuilles vertes panachées de crème, de jaune, de rose ou de rouge.

Floraison : jolies fleurs retombantes dont la corolle est habituellement d'une couleur différente de celle des sépales. Selon les cultivars, les teintes vont du blanc au pourpre en passant par le rose, le rouge, le mauve et le violet.

Hauteur : 30 cm à 90 cm (12 po à 36 po) selon les cultivars.

Exposition : soleil (protégé des rayons brûlants du soleil d'après-midi), mi-ombre, ombre légère.

Sol (contenants) : terreau riche composé d'une partie de substrat spécialement conçu pour les contenants et d'une partie de compost, toujours frais. Ajoutez un peu de perlite grossière afin d'assurer un bon drainage.

Sol (pleine terre) : terre riche, toujours fraîche et bien drainée.

Rusticité : quelques cultivars peuvent supporter une température de près de -5 °C, mais la plupart dépérissent dès la première gelée automnale.

Utilisation : en contenants et en pleine terre.

Culture : ces plantes nécessitent une fertilisation soutenue et un terreau constamment frais. En septembre, avant la première gelée automnale, rentrez vos fuchsias dans la maison. Sous un éclairage artificiel ou devant une fenêtre faisant face au sud, dans une pièce où la température n'atteint jamais plus de 18 °C, ils peuvent continuer à fleurir une partie de l'hiver. Vérifiez régulièrement la présence d'aleurodes ou d'autres insectes, et traitez au besoin. Taillez-les de moitié lorsque leur floraison est terminée ou à la fin de l'hiver, afin de stimuler la formation des nouvelles pousses qui porteront les fleurs.

Cultivars proposés :

F. 'Chekerboard', p. 116.

F. 'Gartenmeister Bonstedt', p. 114-116, 128, 144.

F. *magellanica* 'Aurea', p. 116, 144.

F. 'Mary', p. 116.

F. 'Papoose', p. 116.

F. 'Traudchen Bonstedt', p. 116.

Gaillardia pulchella
gaillarde annuelle

Famille : composées.

Type : plantes herbacées annuelles.

Floraison : inflorescences composées d'une multitude de petites fleurs de couleur crème, jaune, orange ou rouge selon les cultivars.

Hauteur : 30 cm à 60 cm (12 po à 24 po) selon les cultivars.

Exposition : soleil.

Sol (contenants) : terreau composé uniquement de substrat spécialement conçu pour les contenants. Ajoutez de la perlite grossière afin d'assurer un bon drainage.

Sol (pleine terre) : s'adaptent à une terre sableuse, sèche et bien drainée, mais poussent également bien dans une terre à jardin brune légèrement sableuse.

Rusticité : dépérissent lors de la première gelée automnale.

Utilisation : en contenants et en pleine terre.

Culture : la plupart des cultivars de gaillardes annuelles apprécient la chaleur et s'accommodent d'une certaine sécheresse. Laissez sécher le sol entre deux arrosages.

Gazania
gazania

Famille : composées.

Type : plantes herbacées annuelles ou vivaces tendres, traitées comme des annuelles.

Floraison : inflorescences composées d'une multitude de petites fleurs jaunes ou orange sans pétales formant le cœur et, au pourtour, de quelques fleurs possédant un seul pétale de couleur blanche, jaune, orange, rose, rouge, pourpre, bronze ou brune selon les cultivars.

Les inflorescences ne s'ouvrent qu'en plein soleil.

Hauteur : 15 cm à 30 cm (6 po à 12 po) selon les cultivars.

Exposition : ensoleillement intense.

Sol (contenants) : terreau composé uniquement de substrat spécialement conçu pour les contenants. Ajoutez de la perlite grossière afin d'assurer un bon drainage.

Sol (pleine terre) : s'adaptent à une terre sableuse, sèche et bien drainée, mais poussent également bien dans une terre à jardin brune légèrement sableuse.

Rusticité : dépérissent lorsque la température est inférieure à 5 °C.

Utilisation : en contenants et en pleine terre.

Culture : les gazanias apprécient la chaleur et s'accommodent de la sécheresse. Laissez sécher le sol entre deux arrosages. Évitez de cultiver en sol trop riche et fertilisez peu.

Gerbera
gerbera

Famille : composées.

Type : plantes herbacées vivaces tendres, traitées comme des annuelles.

Floraison : grandes fleurs simples ou doubles, semblables à celles des marguerites, de couleur blanche, jaune, orange, rose, rouge ou pourpre selon les cultivars.

Hauteur : 30 cm à 40 cm (12 po à 16 po) selon les cultivars.

Exposition : soleil, mi-ombre.

Sol (contenants) : terreau composé de deux tiers de substrat spécialement conçu pour les contenants et d'un tiers de compost, à peine frais. Ajoutez de la perlite grossière afin d'assurer un bon drainage.

Sol (pleine terre) : terre à jardin brune à peine fraîche et bien drainée.

Rusticité : dépérissent lorsque la température est inférieure à 5 °C.

Utilisation : en contenants et en pleine terre.

Culture : plantez les gerberas à l'abri du vent. Arrosez ces plantes de façon modérée pour

garder le sol à peine frais afin d'éviter que les racines pourrissent. Coupez les tiges des fleurs fanées au ras du sol.

Gomphrena globosa
gomphréna

Famille : amaranthacées.

Type : plantes herbacées annuelles.

Floraison : fleurs regroupées en petits épis sphériques de couleur blanche, rose, rouge, pourpre ou violette selon les cultivars. Les fleurs conservent leur couleur en séchant.

Hauteur : 15 cm à 60 cm (6 po à 24 po) selon les cultivars.

Exposition : soleil

Sol (contenants) : terreau composé de deux tiers de substrat spécialement conçu pour les contenants et d'un tiers de compost. Ajoutez de la perlite grossière afin d'assurer un bon drainage.

Sol (pleine terre) : s'adaptent à une terre sableuse, sèche et bien drainée, mais poussent également bien dans une terre à jardin brune plus riche.

Rusticité : dépérissent dès la première gelée automnale.

Utilisation : en contenants et en pleine terre.

Culture : faciles à cultiver, la plupart des cultivars de gomphrénas apprécient la chaleur et s'accommodent d'une certaine sécheresse.

Cultivar proposé :
Gomphrena globosa 'Strawberry Fields', p. 138.

Gerbera 'Beauty'.

Gomphrena globosa 'Buddy Purple'.

Gomphrena globosa 'Gnom Pink'.

Gypsophila elegans 'Rosea' et *Calibrachoa* 'Million Bells Cherry Pink'.

Hedera helix 'Needlepoint' et *H. helix* 'Eva'.

Helianthus annuus 'Valentine'.

Gypsophila elegans
gypsophile

Famille : caryophyllacées.

Type : plantes herbacées annuelles.

Floraison : fleurs minuscules de couleur blanche ou rose selon les cultivars.

Hauteur : 30 cm à 50 cm (12 po à 20 po) selon les cultivars.

Exposition : soleil.

Sol (contenants) : terreau composé de trois quarts de substrat spécialement conçu pour les contenants et d'un quart de compost. Ajoutez de la perlite grossière afin d'assurer un bon drainage.

Sol (pleine terre) : terre à jardin brune légèrement sableuse, bien drainée.

Rusticité : dépérissent dès la première gelée automnale.

Utilisation : en contenants et en pleine terre.

Culture : faciles à cultiver, la plupart des cultivars de gypsophiles apprécient la chaleur et s'accommodent d'une certaine sécheresse.

Hedera helix
lierre commun

Famille : araliacées.

Type : plantes ligneuses retombantes ou grimpantes, traitées comme des annuelles (qui peuvent être rentrées à l'intérieur durant l'hiver).

Feuillage : feuilles palmées de couleur verte parfois panachées de blanc ou de jaune chez certains cultivars.

Longueur : jusqu'à environ 1,5 m (5 pi).

Exposition : soleil, mi-ombre, ombre légère, ombre moyenne.

Sol (contenants) : terreau composé de deux tiers de substrat spécialement conçu pour les contenants et d'un tiers de compost. Ajoutez un peu de perlite grossière afin d'assurer un bon drainage.

Rusticité : jusqu'à -10 °C.

Utilisation : principalement en contenants.

Culture : plantes faciles à cultiver qui nécessitent peu d'eau, environ un arrosage par semaine.

Cultivars proposés :

H. helix 'Eva', p. 114-115.

H. helix 'Golden Ingot', p. 86-87.

Helianthus annuus
tournesol

Famille : composées.

Type : plantes herbacées annuelles.

Floraison : grandes inflorescences composées d'une multitude de petites fleurs jaunes ou noires sans pétales formant le cœur et, au pourtour, de quelques fleurs possédant un seul pétale dont les couleurs vont du crème au rouge pourpré en passant par le jaune, l'orange et le bronze selon les cultivars. Quelques variétés possèdent des inflorescences doubles.

Hauteur : 40 cm à 3 m (16 po à 10 pi) selon les cultivars.

Exposition : soleil.

Sol (pleine terre) : terre à jardin brune amendée de compost, bien drainée.

Rusticité : jusqu'à -3 °C.

Utilisation : principalement en pleine terre.

Culture : bien qu'ils aient une croissance supérieure dans une terre brune amendée de compost, les tournesols s'adaptent facilement à plusieurs types de sols, même à ceux qui sont pauvres. Laissez la terre sécher deux ou trois jours entre les arrosages et ne mouillez pas le feuillage afin d'éviter l'apparition de maladies fongiques. Comme ces plantes perdent souvent leurs feuilles du bas au cours de l'été, assurez-vous de les placer à l'arrière des plantations de façon que leur base soit cachée par les végétaux situés à l'avant.

Cultivars proposés :

H. annuus 'Autumn Beauty', p. 176.

H. annuus 'Double Santa Fe', p. 178.

H. annuus 'Pacino', p. 176.

H. annuus 'Sonja', p. 178.

H. annuus 'Valentine', p. 174.

H. annuus 'Velvet Queen', p. 178.

Helichrysum petiolare
immortelle à feuillage argenté

Famille : composées.

Type : plantes ligneuses arbustives, traitées comme des annuelles.

Feuillage : feuilles grises d'aspect duveteux. Quelques cultivars possèdent un feuillage jaune teinté de vert ou vert panaché de jaune.

Longueur : jusqu'à 60 cm (24 po).

Exposition : soleil, mi-ombre, ombre légère (les cultivars à feuillage jaune teinté de vert préfèrent la mi-ombre ou l'ombre légère).

Sol (contenants) : terreau composé de deux tiers de substrat spécialement conçu pour les contenants et d'un tiers de compost. Ajoutez un peu de perlite grossière afin d'assurer un bon drainage.

Sol (pleine terre) : terre à jardin brune bien drainée.

Rusticité : jusqu'à -5 °C.

Utilisation : en contenants et en pleine terre.

Culture : n'hésitez pas à tailler ces plantes si elles deviennent trop envahissantes.

Cultivars proposés :
H. petiolare 'Limelight', p. 77, 80-81, 86.
H. petiolare 'Silver', p. 74-77, 84-85.
H. petiolare 'Variegatum', p. 77.

Heliotropium arborescens
héliotrope

Famille : boraginacées.

Type : plantes ligneuses arbustives, traitées comme des annuelles (qui peuvent être rentrées à l'intérieur durant l'hiver).

Floraison : petites fleurs blanches, violettes ou mauves, selon les cultivars, regroupées en larges inflorescences terminales irrégulières. Les fleurs dégagent une odeur de vanille.

Hauteur : 30 cm à 60 cm (12 po à 24 po) selon les cultivars.

Exposition : soleil.

Sol (contenants) : terreau composé de deux tiers de substrat spécialement conçu pour les contenants et d'un tiers de compost, toujours frais. Ajoutez un peu de perlite grossière afin d'assurer un bon drainage.

Sol (pleine terre) : terre à jardin brune amendée de compost, toujours fraîche et bien drainée.

Rusticité : dépérissent dès la première gelée automnale.

Utilisation : en contenants et en pleine terre.

Culture : maintenez le sol toujours frais. Éliminez régulièrement les inflorescences fanées.

Cultivars proposés :
H. arborescens 'Marine', p. 150.
H. arborescens 'Mini Marine', p. 59.
H. 'Fragrant Delight', p. 8, 78-79, 92-93.
H. 'Perfume White', p. 96-97.

Hibiscus rosa-sinensis
hibiscus

Famille : malvacées.

Type : plantes ligneuses arbustives ou arborescentes, traitées comme des annuelles (qui peuvent être rentrées à l'intérieur durant l'hiver).

Floraison : grandes fleurs simples ou doubles, de couleur blanche, jaune, orange, rose ou rouge selon les cultivars.

Hauteur : peuvent atteindre environ 1,5 m (5 pi) lorsqu'ils sont cultivés sous forme d'arbustes et jusqu'à 2,5 m (8 pi) s'ils sont cultivés comme des arbres.

Exposition : soleil.

Sol (contenants) : terreau composé de deux tiers de substrat spécialement conçu pour les contenants et d'un tiers de compost, humide. Ajoutez un peu de perlite grossière afin d'assurer un bon drainage.

Rusticité : ne faites pas subir une température inférieure à 5 °C à ces plantes.

Utilisation : principalement en contenants.

Culture : au cœur de l'été, les hibiscus demandent un sol constamment humide et une fertilisation régulière. En septembre, vous pouvez rentrer ces plantes dans la maison. Placez-les dans un endroit bien ensoleillé mais peu chauffé. Taillez-les de moitié lorsque leur floraison est terminée ou à la fin de l'hiver, afin de stimuler la formation des nouvelles pousses qui porteront les fleurs.

Helichrysum petiolare 'Silver' et *Petunia* 'Surfinia Purple.'

Heliotropium arborescens 'Marine' et *Verbena rigida* 'Polaris'.

Hibiscus rosa-sinensis 'Fiesta'.

h

Impatiens 'Accent Violet'.

Ipomoea batatas 'Tricolor'.

Ipomoea lobata.

Impatiens
impatiente

Famille : balsaminacées.

Type : plantes herbacées annuelles ou vivaces tendres traitées comme des annuelles.

Feuillage : certains cultivars possèdent des feuilles de couleur pourpre ou vert teinté de pourpre, alors que d'autres ont des feuilles vertes ou pourpres panachées de crème, de jaune ou de rose.

Floraison : fleurs simples ou doubles de couleur blanche, orange, rose, rouge, pourpre ou mauve selon les espèces et les cultivars.

Hauteur : 20 cm à 2 m (8 po à 6,5 pi) selon les espèces et les cultivars.

Exposition : mi-ombre, ombre légère (plusieurs espèces et cultivars poussent également bien au soleil — à condition que le sol soit toujours humide — ou à l'ombre moyenne).

Sol (contenants) : terreau composé de deux tiers de substrat spécialement conçu pour les contenants et d'un tiers de compost, toujours frais.

Sol (pleine terre) : terre à jardin brune légère, amendée de compost, toujours fraîche.

Rusticité : dépérissent dès la première gelée automnale.

Utilisation : en contenants et en pleine terre.

Culture : plantes qui demandent peu de soins à condition que leur terreau soit toujours frais.

Espèces et cultivars proposés :
I. 'Accent Violet', p. 92.
I. balsamina, p. 143.
I. glandulifera, p. 143.
I. stenantha, p. 143.
I. 'Tempo Peach Butterfly', p. 53, 143.

Ipomoea batatas
patate douce

Famille : convolvulacées.

Type : plantes herbacées retombantes ou rampantes vivaces, traitées comme des annuelles.

Feuillage : feuilles lobées de couleur verte teintée de jaune, verte panachée de blanc et de rose ou pourpre selon les cultivars.

Longueur : un peu plus de 60 cm (24 po).

Exposition : soleil, mi-ombre.

Sol (contenants) : terreau composé de deux tiers de substrat spécialement conçu pour les contenants et d'un tiers de compost, frais. Ajoutez un peu de perlite grossière afin d'assurer un bon drainage.

Sol (pleine terre) : terre à jardin brune, fraîche et bien drainée.

Rusticité : dépérissent dès la première gelée automnale.

Utilisation : en contenants et en pleine terre.

Culture : n'hésitez pas à tailler ces plantes si elles deviennent trop envahissantes. En pleine terre, les patates douces peuvent former un excellent couvre-sol.

Cultivars proposés :
I. batatas 'Blackie', p. 53, 84-85, 95-97, 102.
I. batatas 'Margarita', p. 59, 88-89, 95.
I. batatas 'Terrace Lime', p. 95.
I. batatas 'Tricolor', p. 95.

Ipomoea lobata
(syn. *Quamoclit lobata*)
ipomée à feuilles lobées

Famille : convolvulacées.

Type : plantes herbacées grimpantes annuelles ou vivaces peu longévives traitées comme des annuelles.

Feuillage : certains cultivars ont des feuilles vertes teintées de pourpre.

Floraison : fleurs tubulaires de couleur rouge lorsqu'elles sont en boutons qui passent au crème lorsqu'elles s'épanouissent. La couleur des fleurs épanouies varie du crème à l'orange, en passant par le jaune chez les divers cultivars.

Hauteur : jusqu'à 3 m (10 pi).

Exposition : soleil.

Sol (contenants) : terreau composé de deux tiers de substrat spécialement conçu pour les contenants et d'un tiers de compost. Ajoutez un peu de perlite grossière afin d'assurer un bon drainage.

Sol (pleine terre) : terre à jardin brune bien drainée.

Rusticité : dépérissent lorsque la température est inférieure à 3 °C.

Utilisation : en contenants et en pleine terre.

Culture : pour une floraison plus hâtive, il est préférable de semer les ipomées à feuilles lobées dans des pots à l'intérieur de la maison vers la fin de mars, soit environ cinq à six semaines avant la mise en terre. Scarifiez légèrement la surface des semences et faites-les tremper dans de l'eau tiède durant environ 24 heures avant d'effectuer le semis. Plantez-les ensuite à l'extérieur lorsque tout risque de gel est écarté dans votre région. Dans certaines jardineries, on retrouve des ipomées à feuilles lobées vendues en pots et prêtes à être plantées au jardin.

Ipomoea quamoclit

(syn. *Quamoclit pennata*)
ipomée à fleurs rouges

Famille : convolvulacées.

Type : plantes herbacées grimpantes annuelles.

Floraison : fleurs tubulaires rouge vif chez l'espèce. On retrouve certains cultivars aux fleurs blanches, roses ou pourpres.

Hauteur : jusqu'à 4 m (13 pi).

Exposition : soleil.

Sol (contenants) : terreau composé de deux tiers de substrat spécialement conçu pour les contenants et d'un tiers de compost. Ajoutez un peu de perlite grossière afin d'assurer un bon drainage.

Sol (pleine terre) : terre à jardin brune bien drainée.

Rusticité : dépérissent lorsque la température est inférieure à 3 °C.

Utilisation : en contenants et en pleine terre.

Culture : pour une floraison plus hâtive, il est préférable de semer les ipomées à fleurs rouges dans des pots à l'intérieur de la maison vers la fin de mars, soit environ cinq à six semaines avant la mise en terre. Faites tremper les semences dans de l'eau tiède pendant quelques heures avant d'effectuer le semis. Plantez-les ensuite à l'extérieur lorsque tout risque de gel

est écarté dans votre région. Dans certaines jardineries, on retrouve des ipomées à fleurs rouges vendues en pots et prêtes à être plantées au jardin.

Espèce proposée : *I. quamoclit*, p. 166.

Ipomoea tricolor

ipomée ou gloire du matin

Famille : convolvulacées.

Type : plantes herbacées grimpantes annuelles ou vivaces tendres traitées comme des annuelles.

Floraison : grandes fleurs blanches, roses, pourpres, violettes ou bleues selon les cultivars.

Hauteur : jusqu'à 3 m (10 pi).

Exposition : soleil, mi-ombre (un ombrage léger en après-midi permet de prolonger la durée de la floraison).

Sol (contenants) : terreau composé de deux tiers de substrat spécialement conçu pour les contenants et d'un tiers de compost. Ajoutez un peu de perlite grossière afin d'assurer un bon drainage.

Sol (pleine terre) : terre à jardin brune bien drainée.

Rusticité : dépérissent dès la première gelée automnale.

Utilisation : en contenants et en pleine terre.

Culture : semées à l'extérieur lorsque tout risque de gel est écarté, les gloires du matin poussent rapidement et fleurissent habituellement après quelques semaines seulement. Attention, les racines de ces plantes ne doivent pas être dérangées.

Cultivars proposés :

I. purpurea 'Knowlian's Black', p. 163.
I. tricolor 'Heavenly Blue', p. 162.

Ipomoea quamoclit.

Ipomoea purpurea 'Knowlian's Black'.

Ipomoea tricolor 'Heavenly Blue'.

Lantana camara.

Lathyrus odoratus 'Donna Jones'.

Lavatera trimestris 'Mont Blanc' et *Lilium* 'Apollo'.

Lantana camara
lantana

Famille : verbénacées.

Type : plantes arbustives ligneuses, traitées comme des annuelles (qui peuvent être rentrées à l'intérieur durant l'hiver).

Floraison : peu après l'éclosion, les fleurs sont de couleur jaune ; elles prennent ensuite une teinte plus foncée jusqu'à devenir rose sombre avant de faner. Les fleurs des divers cultivars possèdent des couleurs qui vont du jaune au rouge brique en passant par toutes les teintes d'orange et de rose.

Hauteur : un peu plus de 1 m (3 pi).

Exposition : soleil, mi-ombre.

Sol (contenants) : terreau composé d'une moitié de substrat spécialement conçu pour les contenants et d'une moitié de compost, frais. Ajoutez un peu de perlite grossière afin d'assurer un bon drainage.

Rusticité : jusqu'à -2 °C.

Utilisation : principalement en contenants.

Culture : les lantanas tolèrent une courte période de sécheresse, mais il est tout de même préférable qu'ils bénéficient d'une bonne humidité ambiante et que leurs racines plongent dans un sol frais. Faites régulièrement des vaporisations d'eau autour de leur feuillage et plantez-les de façon que leur base soit recouverte par le feuillage des plantes voisines. En septembre, vous pouvez rentrer les lantanas dans la maison. Placez-les dans un endroit bien ensoleillé mais peu chauffé. Taillez-les de moitié lorsque leur floraison est terminée ou à la fin de l'hiver, afin de stimuler la formation des nouvelles pousses qui porteront les fleurs. Durant cette période, n'arrosez que lorsque le terreau est sec depuis quelques jours.

Espèce et cultivars proposés :

L. camara, p. 7, 84-85, 193-194.

L. camara 'Aloha', p. 195.

L. camara 'Professor Raoux', p. 195.

Lathyrus odoratus
pois de senteur

Famille : légumineuses.

Type : plantes herbacées grimpantes annuelles (certains cultivars nains ne grimpent pas).

Floraison : fleurs typiques ressemblant à celles des pois comestibles. On retrouve une quantité impressionnante de cultivars dont les fleurs possèdent presque toutes les couleurs du spectre. Les cultivars n'ont pas tous des fleurs odorantes.

Hauteur : jusqu'à 2 m (6,5 pi).

Exposition : soleil, mi-ombre.

Sol (contenants) : terreau composé d'une moitié de substrat spécialement conçu pour les contenants et d'une moitié de compost, humide. Ajoutez un peu de perlite grossière afin d'assurer un bon drainage.

Sol (pleine terre) : terre riche, humide et bien drainée.

Rusticité : jusqu'à -2 °C.

Utilisation : en contenants et en pleine terre.

Culture : semés à l'extérieur au début de mai, avant même que les risques de gel soient écartés, les pois de senteur poussent rapidement et fleurissent habituellement après quelques semaines seulement. Attention ! Les racines de ces plantes ne doivent pas être dérangées. De plus, les racines des pois de senteur doivent plonger dans un sol constamment humide, protégé des chauds rayons du soleil d'après-midi.

Lavatera trimestris
lavatère

Famille : malvacées.

Type : plantes herbacées annuelles.

Floraison : grandes fleurs ressemblant à celles des hibiscus, de couleur blanche ou rose selon les cultivars.

Hauteur : 50 cm à 70 cm (20 po à 28 po) selon les cultivars.

Exposition : soleil, mi-ombre.

Sol (contenants) : terreau composé de deux tiers de substrat spécialement conçu pour les contenants et d'un tiers de compost, frais. Ajoutez un peu de perlite grossière afin d'assurer un bon drainage.

Sol (pleine terre) : terre à jardin brune, fraîche et bien drainée.

Rusticité : jusqu'à -2 °C.

Utilisation : en contenants et en pleine terre.

Culture : par temps chaud, ne laissez pas dessécher le terreau afin d'éviter que les feuilles flétrissent.

Lobelia erinus
lobélie retombante

Famille : campanulacées.

Type : plantes herbacées retombantes vivaces tendres, traitées comme des annuelles.

Floraison : petites fleurs blanches, roses, pourpres, violettes, mauves ou bleues selon les cultivars.

Longueur : 10 cm à 30 cm (4 po à 12 po) selon les cultivars.

Exposition : soleil, mi-ombre, ombre légère.

Sol (contenants) : terreau composé de deux tiers de substrat spécialement conçu pour les contenants et d'un tiers de compost, frais. Ajoutez un peu de perlite grossière afin d'assurer un bon drainage.

Sol (pleine terre) : terre à jardin brune légère, fraîche et bien drainée.

Rusticité : dépérissent dès la première gelée automnale.

Utilisation : en contenants et en pleine terre.

Culture : assurez-vous que les racines des lobélies retombantes plongent dans un sol ombragé et toujours frais. Ne les plantez pas trop collés sur la paroi des contenants et disposez-les de façon que leur base soit recouverte par le feuillage des autres plantes qui les accompagnent. De plus, il est préférable que ces plantes ne soient pas exposées aux chauds rayons du soleil d'après-midi. Au cœur de l'été, si vos lobélies semblent exténuées et qu'elles ont une floraison peu abondante, n'hésitez pas à les tailler de moitié afin d'obtenir une seconde floraison plus importante.

Cultivar proposé : *L. erinus* 'Azure', p. 70-71.

Lobelia x speciosa
lobélie

Famille : campanulacées.

Type : plantes herbacées vivaces, traitées comme des annuelles.

Feuillage : quelques cultivars possèdent des feuilles vertes teintées de pourpre ou complètement pourpres.

Floraison : fleurs blanches, roses ou rouges selon les cultivars.

Hauteur : 50 cm à 90 cm (20 po à 36 po) selon les cultivars.

Exposition : soleil, mi-ombre, ombre légère.

Sol (contenants) : terreau riche composé d'une partie de substrat spécialement conçu pour les contenants, d'une partie de compost et d'une partie de tourbe de sphaigne, humide.

Sol (pleine terre) : terre riche amendée d'un peu de tourbe de sphaigne et humide.

Rusticité : jusqu'à -6 °C.

Utilisation : en contenants et en pleine terre.

Culture : assurez-vous que les racines des lobélies plongent dans un sol ombragé et humide. Placez un paillis organique à leur base.

Cultivar proposé : *L.* 'Fan Orchid Rose', p. 140.

Lobularia maritima
alysse

Famille : crucifères.

Type : plantes herbacées annuelles.

Floraison : petites fleurs blanches, abricot, roses, mauves ou violettes selon les cultivars.

Hauteur : 10 cm à 15 cm (4 po à 6 po) selon les cultivars.

Exposition : soleil, mi-ombre.

Sol (pleine terre) : terre à jardin brune, toujours fraîche et bien drainée.

Rusticité : jusqu'à -3 °C.

Utilisation : principalement en pleine terre.

Culture : assurez-vous que les racines des alysses plongent dans un sol toujours frais. Dans certaines régions, où l'été est particulièrement chaud et sec, la floraison des alysses peut diminuer de façon importante durant cette période. Un sol un peu plus riche et humide permet habituellement à ces plantes de fleurir de façon satisfaisante durant les mois de juillet et d'août.

Cultivar proposé :
Lobularia maritima 'Snow Crystals', p. 151.

Lobelia erinus cvs.

Lobelia 'Fan Scarlet'.

Lobularia maritima 'Snow Crystals', *Ageratum houstonianum* 'Hawaii Blue' et *Campanula carpatica* 'Blue Clips'.

Mandevilla splendens

Melampodium 'Showstar'

Mandevilla
mandevilla

Famille : apocynacées.

Type : plantes ligneuses grimpantes, traitées comme des annuelles (qui peuvent être rentrées durant l'hiver).

Floraison : grandes fleurs blanches ou roses selon les espèces et les cultivars.

Hauteur : jusqu'à 5 m (16 pi).

Exposition : soleil.

Sol (contenants) : terreau composé de deux tiers de substrat spécialement conçu pour les contenants et d'un tiers de compost, frais.

Rusticité : jusqu'à -5 °C.

Utilisation : principalement en contenants.

Culture : vers la fin de septembre, vous pouvez rentrer les mandevillas dans la maison. Placez-les dans un endroit bien ensoleillé mais peu chauffé. Durant cette période, diminuez les arrosages. Taillez-les de moitié lorsque leur floraison est terminée ou à la fin de l'hiver, afin de stimuler la formation des nouvelles pousses qui porteront les fleurs.

Melampodium
mélampodium

Famille : composées.

Type : plantes herbacées annuelles ou vivaces tendres traitées comme des annuelles.

Floraison : petites inflorescences jaunes semblables à celles des marguerites.

Hauteur : 20 cm à 60 cm (8 po à 24 po) selon les cultivars.

Exposition : soleil.

Sol (contenants) : terreau composé de deux tiers de substrat spécialement conçu pour les contenants et d'un tiers de compost. Ajoutez de la perlite grossière afin d'assurer un bon drainage.

Sol (pleine terre) : s'adaptent à une terre sableuse, sèche et bien drainée, mais poussent également bien dans une terre à jardin brune plus riche.

Rusticité : dépérissent dès la première gelée automnale.

Utilisation : en contenants et en pleine terre.

Culture : faciles à cultiver, les cultivars de mélampodiums apprécient bien la chaleur et s'accommodent d'une certaine sécheresse.

Cultivars proposés :
M. 'Medaillon', p. 59, 102-103.
M. 'Showstar', p. 37.

Melianthus major
mélianthe

Famille : mélianthacées.

Type : plante ligneuse arbustive, traitée comme une annuelle.

Feuillage : gracieuses feuilles de couleur bleu grisâtre d'une longueur d'environ 30 cm (12 po), composées de plusieurs folioles finement dentelées.

Hauteur : jusqu'à 1,5 m (5 pi).

Exposition : soleil, mi-ombre.

Sol (contenants) : terreau composé d'une moitié de substrat spécialement conçu pour les contenants et d'une moitié de compost, frais. Ajoutez un peu de perlite grossière afin d'assurer un bon drainage.

Sol (pleine terre) : terre riche, fraîche et bien drainée.

Rusticité : dépérissent dès la première gelée automnale.

Utilisation : jusqu'à -6 °C.

Culture : cette plante nécessite un sol très riche bien amendé de compost.

Espèce proposée : M. major, p. 90-91, 94.

Mimulus
mimulus

Famille : scrophulariacées.

Type : plantes herbacées vivaces tendres, traitées comme des annuelles.

Floraison : fleurs tubulaires très caractéristiques de couleur crème, jaune, orange, rose ou rouge, et souvent maculées de rouge, de pourpre ou de brun selon les cultivars.

Hauteur : 15 cm à 30 cm (6 po à 12 po) selon les cultivars.

Exposition : mi-ombre, ombre légère (plusieurs cultivars poussent également bien au soleil à condition que le sol soit maintenu très humide).

Sol (contenants) : terreau composé de deux tiers de substrat spécialement conçu pour les contenants et d'un tiers de compost, humide.

Sol (pleine terre) : terre à jardin brune humide.

Rusticité : jusqu'à -10 °C.

Utilisation : en contenants et en pleine terre.

Culture : ces plantes apprécient un terreau particulièrement humide. Vous pouvez laisser l'eau d'arrosage stagner plusieurs heures dans les soucoupes placées sous les pots.

Cultivar proposé : *M.* 'Mystic Orange', p. 72.

Nemesia
némésia

Famille : scrophulariacées.

Type : plantes herbacées annuelles.

Floraison : petites fleurs de couleur blanche, crème, jaune, orange, rose, rouge, pourpre, mauve ou bleue, selon les cultivars.

Hauteur : 20 cm à 50 cm (8 po à 20 po) selon les cultivars.

Exposition : soleil, mi-ombre.

Sol (contenants) : terreau composé de deux tiers de substrat spécialement conçu pour les contenants et d'un tiers de compost, frais. Ajoutez un peu de perlite grossière afin d'assurer un bon drainage.

Sol (pleine terre) : terre à jardin brune, fraîche et bien drainée.

Rusticité : dépérissent dès la première gelée automnale.

Utilisation : en contenants et en pleine terre.

Culture : une ou deux fois en début de saison, taillez les némésias afin que leur feuillage soit dense et leur production de fleurs plus importante. Assurez-vous que les racines des némésias plongent dans un sol ombragé et toujours frais. Ne les plantez pas trop collés sur la paroi des contenants et disposez-les de façon que leur base soit recouverte par le feuillage des autres plantes qui les accompagnent. De plus, il est préférable que ces plantes ne soient pas exposées aux chauds rayons du soleil d'après-midi. Au cœur de l'été, si vos némésias semblent exténués et qu'ils ont une floraison peu abondante, n'hésitez pas à les tailler de moitié afin d'obtenir une seconde floraison plus importante.

Cultivar proposé : *N.* 'Blue Bird', p. 193.

Nerium oleander
laurier-rose

Famille : apocynacées.

Type : plantes ligneuses arbustives, traitées comme des annuelles (qui peuvent être rentrées à l'intérieur durant l'hiver).

Feuillage : plusieurs cultivars possèdent un feuillage vert panaché de crème ou de jaune.

Floraison : fleurs tubulaires simples ou doubles, de couleur blanche, crème, jaune, orange, rose, rouge ou pourpre, selon les cultivars.

Hauteur : jusqu'à 2 m (6,5 pi).

Exposition : soleil.

Sol (contenants) : terreau composé de deux tiers de substrat spécialement conçu pour les contenants et d'un tiers de compost. Ajoutez un peu de perlite grossière afin d'assurer un bon drainage.

Rusticité : jusqu'à -6 °C.

Utilisation : principalement en contenants.

Culture : bien que les lauriers-roses ne soient pas des végétaux très exigeants en eau, ils connaissent habituellement une croissance supérieure et une plus belle floraison s'ils sont arrosés régulièrement, soit deux à trois fois par semaine durant l'été. Vers la fin de septembre, vous pouvez les rentrer dans la maison. Placez-les dans un endroit bien ensoleillé mais peu chauffé, à une température d'environ 16 °C. Taillez-les lorsque leur floraison est terminée ou à la fin de l'hiver, afin de stimuler la formation des nouvelles pousses qui porteront les fleurs. Diminuez la longueur des tiges principales et latérales d'environ 15 cm (6 po). Durant cette période, réduisez les arrosages à environ trois ou quatre fois par mois. Attention ! Toutes les parties de ces plantes sont toxiques.

Melianthus major et *Pennisetum setaceum* 'Rubrum'.

Nemesia 'Compact Innocence', *Verbena* 'Temari Pink' et *Pelargonium* 'Victoria'.

Nerium oleander 'Variegata'.

Nicotiana langsdorffii.

Nicotiana sylvestris 'Only the Lonely'.

Nigella damascena 'Miss Jekyll' et *Filipendula ulmaria* 'Aurea'.

Nicotiana
nicotine

Famille : solanacées.

Type : plantes herbacées annuelles ou vivaces tendres traitées comme des annuelles.

Floraison : longues fleurs tubulaires, de couleur blanche, crème, jaune, jaune teinté de vert, saumon, rose, rouge ou pourpre, selon les espèces et les cultivars. Certains ont des fleurs odorantes.

Hauteur : 30 cm à 1,5 m (12 po à 5 pi) selon les espèces et les cultivars.

Exposition : soleil, mi-ombre, ombre légère.

Sol (contenants) : terreau composé de deux tiers de substrat spécialement conçu pour les contenants et d'un tiers de compost, frais.

Sol (pleine terre) : terre à jardin brune amendée d'un peu de compost, fraîche.

Rusticité : jusqu'à -3 °C.

Utilisation : en contenants et en pleine terre.

Culture : à la plantation, pincez l'extrémité des nouvelles pousses des nicotines afin d'augmenter leur production de fleurs. Maintenez le sol toujours frais. Éliminez régulièrement les fleurs fanées.

Espèces et cultivars proposés :
N. langsdorffii, p. 158.
N. 'Lime Green', p. 72-73, 120.
N. 'Nicki Lime', p. 57, 92-93.
N. sylvestris, p. 147.

Nigella damascena
nigelle de Damas

Famille : renonculacées.

Type : plantes herbacées annuelles.

Floraison : fleurs très caractéristiques dont certains pétales se terminent par plusieurs pointes. Selon les cultivars, les fleurs sont blanches, roses mauves ou bleues.

Hauteur : 20 cm à 75 cm (8 po à 30 po) selon les cultivars.

Exposition : soleil, mi-ombre.

Sol (contenants) : terreau composé de deux tiers de substrat spécialement conçu pour les contenants et d'un tiers de compost. Ajoutez un peu de perlite grossière afin d'assurer un bon drainage.

Sol (pleine terre) : terre à jardin brune bien drainée.

Rusticité : les semences passent parfois l'hiver sous la neige, germant au printemps suivant.

Utilisation : en contenants et en pleine terre.

Culture : procédez à plusieurs semis pour obtenir une floraison continue.

Cultivar proposé :
N. damascena 'Miss Jekyll', p. 10, 123.

Papaver rhoeas et P. somniferum
coquelicot et pavot somnifère

Famille : papavéracées.

Type : plantes herbacées annuelles.

Feuillage : chez les cultivars de *P. somniferum*, les feuilles, dentelées, sont de couleur verte teintée de bleu.

Floraison : grandes fleurs, simples ou doubles, aux pétales froissés. Selon les cultivars, les fleurs sont de couleur blanche, crème, orange, rose, rouge ou pourpre.

Hauteur : 40 cm à 90 cm (16 po à 36 po) selon les cultivars.

Exposition : soleil.

Sol (pleine terre) : s'adaptent à une terre sableuse, sèche et bien drainée, mais poussent également bien dans une terre à jardin brune.

Rusticité : jusqu'à -2 °C.

Utilisation : principalement en pleine terre.

Culture : faciles à cultiver, ces végétaux apprécient la chaleur et s'accommodent d'une certaine sécheresse. Comme ils supportent mal une transplantation, il est préférable de les semer directement en pleine terre au début de mai, avant même que les risques de gel soient écartés.

Passiflora
passiflore

Famille : passifloracées.

Type : plantes ligneuses grimpantes, traitées comme des annuelles (qui peuvent être rentrées à l'intérieur durant l'hiver).

Floraison : étonnantes fleurs habituellement colorées de blanc, de mauve et de violet chez la plupart des espèces et des cultivars.

Hauteur : jusqu'à 3 m (10 pi).

Exposition : soleil.

Sol (contenants) : terreau riche composé d'une moitié de substrat spécialement conçu pour les contenants et d'une moitié de compost, frais. Ajoutez un peu de perlite grossière afin d'assurer un bon drainage.

Rusticité : ne faites pas subir de températures inférieures à 3 °C à ces plantes.

Utilisation : principalement en contenants.

Culture : placez ces plantes dans un endroit protégé des vents. Arrosez les passiflores régulièrement en été, mais laissez leur terreau s'assécher légèrement entre deux arrosages. Vaporisez leur feuillage avec de l'eau tiède deux à trois fois par semaine. En septembre, vous pouvez rentrer les passiflores dans la maison. Placez-les dans un endroit bien ensoleillé mais peu chauffé. Taillez-les du tiers lorsque leur floraison est terminée ou à la fin de l'hiver, afin de stimuler la formation des nouvelles pousses qui porteront les fleurs. Durant cette période, réduisez les arrosages à environ trois ou quatre fois par mois.

Espèce proposée : *P.* x *alato-caerulea*, p. 161.

Pelargonium
pélargonium (à tort, géranium)

Famille : géraniacées.

Type : plantes herbacées ou suffrutescentes vivaces, traitées comme des annuelles (qui peuvent être rentrées à l'intérieur durant l'hiver).

Feuillage : la forme et la couleur des feuilles varient énormément selon les espèces et les cultivars. Tantôt presque rondes, tantôt profondément découpées, les feuilles peuvent aussi être frisées ou crispées. Une foule de cultivars arborent un feuillage vert panaché de blanc, de crème, de jaune, d'orange, de rose, de rouge, de pourpre ou de bronze. Certains cultivars possèdent des feuilles particulièrement odorantes.

Floraison : fleurs simples ou doubles de couleur blanche, saumon, rose, rouge, pourpre ou mauve, selon les espèces et les cultivars.

Hauteur : 20 cm à 1,20 m (8 po à 4 pi) selon les espèces et les cultivars.

Exposition : soleil, mi-ombre (certaines espèces et variétés peuvent pousser à l'ombre légère).

Sol (contenants) : terreau composé de deux tiers de substrat spécialement conçu pour les contenants et d'un tiers de compost. Ajoutez de la perlite grossière afin d'assurer un bon drainage.

Sol (pleine terre) : terre à jardin brune amendée d'un peu de compost, légère et bien drainée.

Rusticité : jusqu'à -5 °C.

Utilisation : en contenants et en pleine terre.

Culture : laissez le terreau sécher deux ou trois jours entre les arrosages. Ne mouillez pas le feuillage. Lorsqu'ils sont cultivés en pots, les pélargoniums nécessitent une fertilisation soutenue.

Cultivars proposés :
P. peltatum 'Royal Blue', p. 80-81.
P. peltatum 'White Nicole', p. 88.
P. 'Silverleaf Flower of Spring', p. 54.
P. 'Victoria', p. 78-79.

Papaver somniferum 'Black Peony'.

Passiflora caerulea.

Pelargonium 'Selecta Meteor'.

Pennisetum setaceum.

Perilla frutescens 'Shiso Red' et *Heliotropium* 'Perfume White'.

Petunia 'Fantasy Pink Morn' et *Verbena* 'Quartz Burgundy'.

Pennisetum setaceum
pennisetum

Famille : graminées.

Type : plantes herbacées vivaces tendres, traitées comme des annuelles.

Feuillage : longues feuilles vertes très étroites. Les feuilles sont de couleur pourpre chez les cultivars 'Purpureum' et 'Rubrum'.

Floraison : fleurs réunies en épis de couleur beige rosé. Elles sont teintées de bourgogne chez les cultivars aux feuilles pourpres.

Hauteur : 1 m (39 po).

Exposition : soleil, mi-ombre.

Sol (contenants) : terreau composé de deux tiers de substrat spécialement conçu pour les contenants et d'un tiers de compost, frais. Ajoutez de la perlite grossière afin d'assurer un bon drainage.

Sol (pleine terre) : terre à jardin brune légère, fraîche et bien drainée.

Rusticité : jusqu'à -3 °C.

Utilisation : en contenants et en pleine terre.

Culture : comme les racines des pennisetums occupent souvent presque tout le volume des pots, ils exigent des arrosages fréquents. Assurez-vous que le terreau soit toujours frais en arrosant deux à trois fois par semaine durant l'été.

Espèce et cultivar proposés :

P. setaceum, p. 59, 103.

P. setaceum 'Rubrum', p. 80-81, 90-91, 119.

Perilla frutescens
périlla

Famille : labiées.

Type : plantes herbacées annuelles.

Feuillage : feuilles dentelées et très texturées. Quelques cultivars possèdent un feuillage pourpre ou vert panaché de rose, de rouge ou de pourpre.

Hauteur : 30 cm à 90 cm (12 po à 36 po) selon les cultivars.

Exposition : soleil, mi-ombre.

Sol (contenants) : terreau composé de deux tiers de substrat spécialement conçu pour les contenants et d'un tiers de compost. Ajoutez un peu de perlite grossière afin d'assurer un bon drainage.

Sol (pleine terre) : terre à jardin brune bien drainée.

Rusticité : dépérissent dès la première gelée automnale.

Utilisation : en contenants et en pleine terre.

Culture : plantes qui demandent peu de soins. Les périllas peuvent tolérer une courte sécheresse.

Cultivar proposé :

P. frutescens 'Shiso Red', p. 143.

Petunia
pétunia

Famille : solanacées.

Type : plantes herbacées vivaces peu longévives, traitées comme des annuelles (plusieurs cultivars sont retombants).

Feuillage : quelques cultivars possèdent des feuilles vertes panachées de crème.

Floraison : fleurs en forme de trompette, simples ou doubles, qui possèdent toutes les couleurs du spectre sauf l'orange pur.

Hauteur : 15 cm à 30 cm (6 po à 12 po) selon les cultivars.

Longueur (cultivars retombants) : 30 cm à 1,2 m (12 po à 48 po) selon les cultivars.

Exposition : soleil, mi-ombre.

Sol (contenants) : terreau composé de deux tiers de substrat spécialement conçu pour les contenants et d'un tiers de compost. Ajoutez un peu de perlite grossière afin d'assurer un bon drainage.

Sol (pleine terre) : terre à jardin brune légère et bien drainée.

Rusticité : quelques cultivars peuvent résister à une température avoisinant -5 °C, mais la plupart dépérissent dès la première gelée automnale.

Utilisation : en contenants et en pleine terre.

Culture : lors de la plantation, taillez ces plantes de moitié afin d'obtenir plus de tiges et de fleurs. Lorsqu'ils sont cultivés en pots, les divers cultivars de pétunias nécessitent un arrosage très uniforme et régulier ainsi qu'une fertilisation importante. Au cœur de l'été, les plantes en contenants ont besoin d'eau tous les deux jours, alors que les paniers suspendus doivent être arrosés chaque jour. Deux à trois fois par semaine, au moment de l'arrosage, épandez une petite poignée d'engrais riche en phosphore et en potassium directement sur la surface du terreau des cultivars les plus exigeants, tels que ceux qui font partie de la série Surfinia. Éliminez régulièrement les fleurs fanées. En pleine terre, certains cultivars peuvent former un joli couvre-sol.

Cultivars proposés :
P. 'Celebrity Lilac', p. 70-71, 92-93.
P. 'Doubloon Blue Star', p. 108-109.
P. 'Marco Polo Traveller', p. 108.
P. 'Purple Wave', p. 88, 159.
P. 'Surfinia Violet', p. 106-107.
P. 'Surfinia White', p. 88-89.
P. 'Ultra Blue', p. 74-75, 96-97.

Phaseolus coccineus
haricot d'Espagne

Famille : légumineuses.
Type : plantes herbacées grimpantes vivaces peu longévives, traitées comme des annuelles.
Floraison : fleurs rouge vermillon, ressemblant à celles des pois, se transformant par la suite en fruits verts. On retrouve quelques cultivars aux fleurs blanches ou vermillon et blanc.
Hauteur : jusqu'à 3 m (10 pi).
Exposition : soleil.
Sol (contenants) : terreau composé de deux tiers de substrat spécialement conçu pour les contenants et d'un tiers de compost. Ajoutez un peu de perlite grossière afin d'assurer un bon drainage.
Sol (pleine terre) : terre à jardin brune bien drainée.
Rusticité : dépérissent dès la première gelée automnale.
Utilisation : en contenants et en pleine terre.
Culture : semés à l'extérieur vers la fin de mai,

lorsque tout risque de gel est écarté, les haricots d'Espagne recouvriront un treillis ou une pergola en quelques semaines.

Phormium
phormium

Famille : agavacées.
Type : plantes herbacées vivaces, traitées comme des annuelles (qui peuvent être rentrées à l'intérieur durant l'hiver).
Feuillage : longues feuilles vertes plus larges que chez les dracénas (*Cordyline australis*). Outre certaines variétés dont le feuillage est entièrement bronze ou vert, la plupart des cultivars possèdent des feuilles panachées de crème, de jaune, d'orange, de rose, de rouge ou de bronze.
Hauteur : jusqu'à environ 1,2 m (4 pi).
Exposition : soleil, mi-ombre.
Sol (contenants) : terreau composé uniquement de substrat spécialement conçu pour les contenants. Ajoutez de la perlite grossière afin d'assurer un bon drainage.
Sol (pleine terre) : s'adaptent à une terre sableuse, sèche et bien drainée, mais poussent aussi très bien dans une terre à jardin brune.
Rusticité : dépérissent dès la première gelée automnale.
Utilisation : en contenants et en pleine terre.
Culture : en septembre, dès que la température descend sous 5 °C, rentrez vos phormiums à l'intérieur. Placez-les dans un endroit frais et ensoleillé et, durant cette période, arrosez-les deux à trois fois par mois. Durant l'été, les arrosages doivent être plus fréquents, soit un ou deux par semaine.

Phaseolus coccineus.

Phormium colensoi 'Variegatum' et *Tradescantia pallida* 'Purple Heart'.

Plectostachys serphyllifolia.

Plectranthus madagascariensis 'Variegated Mintleaf'.

Plumbago auriculata.

Plectostachys serphyllifolia
plectostachys

Famille : composées.
Type : plante suffrutescente vivace, traitée comme une annuelle.
Feuillage : petites feuilles grises d'aspect duveteux.
Longueur : jusqu'à 40 cm (16 po).
Exposition : soleil, mi-ombre, ombre légère.
Sol (contenants) : terreau composé de deux tiers de substrat spécialement conçu pour les contenants et d'un tiers de compost. Ajoutez un peu de perlite grossière afin d'assurer un bon drainage.
Sol (pleine terre) : terre à jardin brune bien drainée.
Rusticité : jusqu'à -5 °C.
Utilisation : en contenants et en pleine terre.
Culture : remplace l'immortelle à feuillage argenté (*Helichrysum petiolare*) là où l'espace est restreint.
Espèce proposée :
P. serphyllifolia, p. 92-93, 108-109.

Plectranthus
plectranthe

Famille : labiées.
Type : plantes ligneuses arbustives ou herbacées vivaces, traitées comme des annuelles (quelques cultivars sont retombants).
Feuillage : selon les espèces et les cultivars, les feuilles peuvent être entièrement vertes ; vertes panachées de blanc, de crème ou de jaune ; vertes teintées de rouge foncé, de pourpre ou de bronze ; ou, finalement, grises et duveteuses.
Floraison : petites fleurs regroupées en épis, de couleur blanche, mauve ou bleue, selon les espèces et les cultivars.
Hauteur : 30 cm à 1,2 m (12 po à 48 po) selon les espèces et les cultivars.
Longueur (cultivars retombants) : jusqu'à 1 m (39 po).
Exposition : soleil, mi-ombre, ombre légère.
Sol (contenants) : terreau composé de deux tiers de substrat spécialement conçu pour les contenants et d'un tiers de compost, frais. Ajoutez un peu de perlite grossière afin d'assurer un bon drainage.

Sol (pleine terre) : terre à jardin brune, fraîche et bien drainée.
Rusticité : dépérissent dès la première gelée automnale.
Utilisation : en contenants et en pleine terre.
Culture : les plectranthes peuvent être facilement propagés par bouturage.
Espèce et cultivar proposés :
P. argentatus, p. 90-91, 159.
P. madagascariensis 'Variegated Mintleaf', p. 54, 96-97.

Plumbago auriculata
plumbago du Cap

Famille : plumbaginacées.
Type : plantes ligneuses grimpantes traitées comme des annuelles (qui peuvent être rentrées à l'intérieur durant l'hiver).
Floraison : fleurs tubulaires d'un bleu très pâle. La floraison est de couleur blanche chez les cultivars 'Alba' et 'Escapade White'.
Hauteur : jusqu'à 3 m (10 pi).
Exposition : soleil.
Sol (contenants) : terreau composé de deux tiers de substrat spécialement conçu pour les contenants et d'un tiers de compost, frais.
Rusticité : ne faites pas subir de températures inférieures à 2 °C à ces plantes.
Utilisation : principalement en contenants.
Culture : en septembre, vous pouvez rentrer les plumbagos dans la maison. Placez-les dans un endroit bien ensoleillé mais peu chauffé. Durant cette période, diminuez les arrosages. Taillez-les de moitié lorsque leur floraison est terminée ou à la fin de l'hiver, afin de stimuler la formation des nouvelles pousses qui porteront les fleurs.
Espèce proposée : *P. auriculata*, p. 8, 105.

Portulaca
pourpier

Famille : portulacacées.
Type : plantes herbacées retombantes ou rampantes annuelles.
Floraison : fleurs de couleur blanche, crème, jaune, orange, rose ou rouge, selon les cultivars. Les fleurs ne s'ouvrent qu'en plein soleil.

Longueur : 20 cm à 30 cm (8 po à 12 po) selon les cultivars.

Exposition : ensoleillement intense.

Sol (contenants) : terreau composé de trois quarts de substrat spécialement conçu pour les contenants et d'un quart de compost. Ajoutez de la perlite grossière afin d'assurer un bon drainage.

Sol (pleine terre) : s'adaptent à une terre sableuse, sèche et bien drainée, mais poussent également bien dans une terre à jardin brune plus riche.

Rusticité : dépérissent dès la première gelée automnale.

Utilisation : en contenants et en pleine terre.

Culture : les pourpiers apprécient la chaleur et s'accommodent de la sécheresse. Laissez bien sécher le terreau entre deux arrosages et fertilisez une à deux fois par mois seulement. En pleine terre, la plupart des cultivars peuvent former un couvre-sol intéressant.

Cultivars proposés :
P. 'Duet Rose', p. 106.
P. 'Hot Shot Fuchsia', p. 106-107.
P. 'Yubi Apricot', p. 72-73, 98-99.
P. 'Yubi Rose', p. 106.
P. 'Yubi Scarlet', p. 106.

Ricinus communis
ricin

Famille : euphorbiacées.

Type : plantes ligneuses arbustives, traitées comme des annuelles.

Feuillage : énorme feuillage vert palmé et profondément découpé. On retrouve aussi quelques cultivars dont les feuilles sont de couleur pourpre ou bronze.

Floraison : petites fleurs se transformant par la suite en fruits globuleux et souvent épineux, de couleur orange ou rouge.

Hauteur : jusqu'à 3 m (10 pi).

Exposition : ensoleillement intense.

Sol (pleine terre) : terre riche, humide et bien drainée.

Rusticité : dépérissent dès la première gelée automnale.

Utilisation : principalement en pleine terre.

Culture : au cœur de l'été, les ricins demandent un sol constamment humide. Attention ! Les semences de ces plantes sont particulièrement toxiques.

Rudbeckia hirta
rudbeckia hérissé

Famille : composées.

Type : plantes herbacées annuelles ou vivaces peu longévives traitées comme des annuelles.

Floraison : inflorescences composées d'une multitude de petites fleurs noires sans pétales formant le cœur et, au pourtour, de fleurs possédant un seul pétale de couleur jaune, jaune-orangé ou jaune marqué de bronze ou de brun, selon les cultivars. Quelques variétés possèdent des inflorescences doubles.

Hauteur : 25 cm à 90 cm (10 po à 36 po) selon les cultivars.

Exposition : soleil, mi-ombre.

Sol (contenants) : terreau composé de deux tiers de substrat spécialement conçu pour les contenants et d'un tiers de compost, préférablement un peu compact.

Sol (pleine terre) : terre à jardin brune.

Rusticité : les semences passent parfois l'hiver sous la neige, germant au printemps suivant. À l'occasion, quelques plants peuvent survivre à l'hiver sous un bon couvert de neige.

Utilisation : en contenants et en pleine terre.

Culture : bien qu'ils aient une croissance supérieure dans une terre à jardin brune fraîche, les cultivars de rudbeckias hérissés s'adaptent facilement à plusieurs types de sols, même à ceux qui sont pauvres. Laissez le terreau sécher deux ou trois jours entre les arrosages et ne mouillez pas le feuillage afin d'éviter l'apparition de maladies fongiques.

Cultivars proposés :
R. hirta 'Becky', p. 104.
R. hirta 'Goldilocks', p. 104.
R. hirta 'Indian Summer', p. 104.
R. hirta 'Irish Eyes', p. 104, 182.
R. hirta 'Marmalade', p. 102-104.
R. hirta 'Sonora', p. 104.
R. hirta 'Toto', p. 98-99, 104.

Portulaca 'Yubi Scarlet'.

Ricinus communis.

Rudbeckia hirta 'Sonora'.

Salvia aethiopis, *S. coccinea* 'Coral Nymph', *Verbena rigida* 'Polaris' et *Heliotropium arborescens* 'Marine'.

S. farinacea 'Victoria'.

Salvia
sauge

Famille : labiées.

Type : plantes herbacées annuelles ou vivaces tendres traitées comme des annuelles.

Feuillage : certaines espèces et variétés ont un feuillage gris d'aspect duveteux, tandis que d'autres possèdent des feuilles vertes panachées de crème, de jaune, de rose ou de pourpre.

Floraison : fleurs habituellement regroupées en épis ou en panicules, s'élevant au-dessus du feuillage. Les fleurs sont souvent accompagnées de bractées colorées. Les fleurs des diverses espèces et variétés possèdent presque toutes les couleurs du spectre.

Hauteur : 30 cm à 1,2 m (12 po à 48 po) selon les espèces et les cultivars.

Exposition : soleil, mi-ombre.

Sol (contenants) : terreau composé de deux tiers de substrat spécialement conçu pour les contenants et d'un tiers de compost, frais. Ajoutez un peu de perlite grossière afin d'assurer un bon drainage.

Sol (pleine terre) : terre à jardin brune amendée d'un peu de compost, fraîche et bien drainée.

Rusticité : la plupart des sauges dépérissent lorsque la température atteint environ -5 °C. Quelques-unes, comme les cultivars de *S. farinacea*, peuvent résister jusqu'à -10 °C.

Utilisation : en contenants et en pleine terre.

Culture : bien que la plupart des espèces et des cultivars de sauges s'adaptent à divers types de sols et tolèrent une certaine sécheresse, elles ont habituellement une plus belle floraison si elles sont plantées dans une bonne terre à jardin brune amendée de compost et si elles sont arrosées régulièrement.

Espèces et cultivars proposés :
S. aethiopis, p. 182.
S. coccinea 'Coral Nymph', p. 184-185.
S. coccinea 'Lady in Red', p. 182-184.
S. coccinea 'Snow Nymph', p. 146, 184.
S. farinacea 'Victoria', p. 86-87, 185.
S. fulgens, p. 184.
S. greggii 'Peach', p. 184.
S. leucophylla, p. 182.
S. microphylla 'Kew Red', p. 184.
S. microphylla 'Pink Blush', p. 184.
S. microphylla 'Pleasant View', p. 184.
S. officinalis 'Icterina', p. 86-87, 185.
S. officinalis 'Purpurascens', p. 82-83.
S. patens, p. 184.
S. splendens 'Salsa Deep Purple', p. 78-79, 182.
S. viridis 'Oxford Blue', p. 180, 184.
S. viridis 'Rose Bouquet', p. 184.

Scaevola aemula
scaévola

Famille : goodéniacées.

Type : plantes herbacées retombantes vivaces tendres, traitées comme des annuelles.

Floraison : petites fleurs de couleur blanche, mauve ou bleue, selon les cultivars.

Longueur : jusqu'à 45 cm (18 po).

Exposition : soleil, mi-ombre.

Sol (contenants) : terreau composé de deux tiers de substrat spécialement conçu pour les contenants et d'un tiers de compost, toujours frais.

Rusticité : dépérissent lorsque la température est inférieure à 3 °C.

Utilisation : principalement en contenants.

Culture : une ou deux fois en début de saison, taillez légèrement les scaévolas afin que leur production de fleurs soit plus importante. Assurez-vous que le terreau soit constamment frais sans toutefois être détrempé.

Espèce et cultivar proposés :
S. aemula, p. 88-89.
S. aemula 'Blue Fan', p. 100.

Senecio cineraria
cinéraire maritime

Famille : composées.

Type : plantes ligneuses arbustives, traitées comme des annuelles.

Feuillage : feuilles grises duveteuses, plus ou moins découpées selon les cultivars.

Hauteur : 20 cm à 40 cm (8 po à 16 po) selon les cultivars.

Exposition : soleil, mi-ombre.

Sol (contenants) : terreau composé de trois quarts de substrat spécialement conçu pour les contenants et d'un quart de compost. Ajoutez de la perlite grossière afin d'assurer un bon drainage.

Sol (pleine terre) : terre à jardin brune légèrement sableuse, bien drainée.

Rusticité : jusqu'à -8 °C. À l'occasion, quelques plants peuvent survivre à l'hiver sous un bon couvert de neige.

Utilisation : en contenants et en pleine terre.

Culture : les cinéraires maritimes sont des plantes qui s'adaptent relativement bien à divers types de sols.

Cultivars proposés :
S. cineraria 'Cirrus', p. 150.
S. cineraria 'Silver Dust', p. 59.

Solanum jasminoides
étoile de Bethléem

Famille : solanacées.

Type : plantes ligneuses retombantes, traitées comme des annuelles.

Feuillage : les feuilles sont vertes panachées de jaune chez le cultivar 'Variegatum' et vertes légèrement teintées de pourpre chez le cultivar 'Alba'.

Floraison : petites fleurs blanches teintées de mauve, aux étamines jaunes. Les cultivars possèdent des fleurs blanc pur.

Longueur : jusqu'à 90 cm (36 po).

Exposition : soleil.

Sol (contenants) : terreau composé de deux tiers de substrat spécialement conçu pour les contenants et d'un tiers de compost, frais. Ajoutez de la perlite grossière afin d'assurer un bon drainage.

Rusticité : jusqu'à -8 °C.

Utilisation : principalement en contenants.

Culture : maintenez le terreau toujours frais.

Solenostemon scutellarioides
coléus

Famille : labiées.

Type : plantes herbacées ou suffrutescentes vivaces, traitées comme des annuelles.

Feuillage : les divers cultivars possèdent des feuillages aux formes variées et très colorées. Les feuilles de certaines variétés arborent des dessins tout à fait hallucinants.

Floraison : petites fleurs blanches, mauves ou bleues, selon les cultivars.

Hauteur : 15 cm à 90 cm (6 po à 36 po).

Exposition : soleil (mais à l'abri des rayons brûlants du soleil d'après-midi), mi-ombre, ombre légère (plusieurs cultivars poussent également bien à l'ombre moyenne)

Sol (contenants) : terreau riche composé d'une moitié de substrat spécialement conçu pour les contenants et d'une moitié de compost, frais. Ajoutez de la perlite grossière afin d'assurer un bon drainage.

Sol (pleine terre) : terre riche, fraîche et bien drainée.

Rusticité : dépérissent dès la première gelée automnale.

Utilisation : en contenants et en pleine terre.

Culture : bien que les coléus s'adaptent à divers types de sols, ils connaîtront une croissance supérieure dans un sol riche et frais. Durant l'été, n'hésitez pas à pincer l'extrémité des tiges à quelques reprises afin d'obtenir des plants plus touffus et trapus. Les coléus peuvent être facilement propagés par bouturage.

Cultivars proposés :
S. scutellarioides 'Black Magic', p. 57.
S. scutellarioides 'Green'n Gold Queen', p. 8.
S. scutellarioides 'Haines', p. 90-91.
S. scutellarioides 'Indian Frills', p. 170.
S. scutellarioides 'Inky Fingers', p. 128, 153.
S. scutellarioides 'Leopard', p. 171.
S. scutellarioides 'Marissa', p. 168, 172.
S. scutellarioides 'Purple Emperor', p. 114-115, 119, 159, 172.
S. scutellarioides 'The Line', p. 168, 173.
S. scutellarioides 'Volcano', p. 173.
S. scutellarioides 'Wizard Golden', p. 168.
S. scutellarioides 'Wizard Jade', p. 128, 153, 168.
S. scutellarioides 'Wizard Scarlet', p. 117.
S. scutellarioides 'Wizard Velvet', p. 54.

Scaevola aemula 'Saphira', *Ipomoea batatas* 'Margarita' et *Bracteantha bracteata* 'Golden Beauty'.

Senecio cineraria 'Silver Dust' et *Ajuga reptans* 'Bronze Beauty'.

Solenostemon scutellarioides 'Kiwi Fern'.

Tagetes 'Disco Yellow' et *Helichrysum petiolare* 'Silver'.

Thunbergia alata 'Suzie White'.

Tithonia rotundifolia 'Aztec Sun'.

Tagetes
tagète ou œillet d'Inde

Famille : composées.

Type : plantes herbacées annuelles.

Floraison : fleurs simples ou doubles de couleur jaune, orange, rouge ou brune, selon les cultivars.

Hauteur : 20 cm à 90 cm (8 po à 36 po) selon les cultivars.

Exposition : soleil.

Sol (contenants) : terreau composé de deux tiers de substrat spécialement conçu pour les contenants et d'un tiers de compost. Ajoutez de la perlite grossière afin d'assurer un bon drainage.

Sol (pleine terre) : s'adaptent à une terre sableuse, sèche et bien drainée, mais poussent également bien dans une terre à jardin brune plus riche.

Rusticité : dépérissent dès la première gelée automnale.

Utilisation : en contenants et en pleine terre.

Culture : faciles à cultiver, la plupart des cultivars de tagètes apprécient la chaleur et s'accommodent d'une certaine sécheresse.

Cultivar proposé : *T.* 'Bonanza Bolero', p. 154.

Thunbergia alata
thunbergia

Famille : acanthacées.

Type : plantes herbacées grimpantes ou retombantes vivaces, traitées comme des annuelles.

Floraison : fleurs blanches, crème, jaunes ou orange, avec ou sans cœur noir, selon les cultivars.

Hauteur : jusqu'à 2 m (6,5 pi).

Exposition : soleil, mi-ombre.

Sol (contenants) : terreau riche composé d'une moitié de substrat spécialement conçu pour les contenants et d'une moitié de compost, frais.

Sol (pleine terre) : terre riche et fraîche.

Rusticité : dépérissent dès la première gelée automnale.

Utilisation : en contenants et en pleine terre.

Culture : maintenez le terreau toujours frais, voire humide.

Espèce proposée : *T. alata*, p. 102-103, 166.

Tithonia rotundifolia
tournesol mexicain

Famille : composées.

Type : plantes herbacées annuelles.

Floraison : inflorescences composées d'une multitude de petites fleurs jaunes sans pétales formant le cœur et, au pourtour, de quelques fleurs possédant un seul pétale de couleur jaune ou orange, selon les cultivars.

Hauteur : 60 cm à 1,8 m (2 pi à 6 pi) selon les cultivars.

Exposition : soleil.

Sol (pleine terre) : terre à jardin brune amendée d'un peu de compost, bien drainée.

Rusticité : dépérissent dès la première gelée automnale.

Utilisation : principalement en pleine terre.

Culture : les tournesols mexicains s'adaptent à différentes situations et tolèrent une certaine sécheresse. Placez ces plantes en situation protégée des vents. Tuteurez les grands cultivars.

Espèce proposée : *T. rotundifolia*, p. 47, 176.

Torenia
torenia

Famille : scrophulariacées.

Type : plantes herbacées retombantes annuelles ou vivaces tendres traitées comme des annuelles.

Floraison : fleurs tubulaires très caractéristiques, de couleur blanche, jaune, rose, pourpre, violette, mauve ou bleue, selon les cultivars.

Longueur : jusqu'à 45 cm (18 po).

Exposition : mi-ombre, ombre légère.

Sol (contenants) : terreau composé de deux tiers de substrat spécialement conçu pour les contenants et d'un tiers de compost, humide.

Rusticité : dépérissent dès la première gelée automnale.

Utilisation : principalement en contenants.

Culture : maintenez le terreau toujours humide.

Cultivar proposé :
T. 'Summer Wave Blue', p. 92, 143.

Tradescantia
misère ou éphémère

Famille : commelinacées.

Type : plantes herbacées retombantes vivaces tendres, traitées comme des annuelles (qui peuvent être rentrées à l'intérieur durant l'hiver).

Feuillage : selon les espèces et les cultivars, les feuilles sont pourpres ou vertes panachées de gris, de blanc, de crème, de jaune, de rose, de pourpre ou de bronze.

Floraison : petites fleurs blanches, roses, pourpres, violettes, mauves ou bleues, selon les espèces et les cultivars.

Longueur : jusqu'à 90 cm (36 po).

Exposition : soleil, mi-ombre, ombre légère.

Sol (contenants) : terreau composé de deux tiers de substrat spécialement conçu pour les contenants et d'un tiers de compost.

Rusticité : dépérissent dès la première gelée automnale.

Utilisation : principalement en contenants.

Culture : faciles à cultiver, les misères s'adaptent à différentes situations et tolèrent une sécheresse passagère.

Tropaeolum
capucine

Famille : tropaeolacées.

Type : plantes herbacées annuelles ou vivaces tendres traitées comme des annuelles (plusieurs espèces et cultivars sont retombants ou grimpants).

feuillage : certains cultivars possèdent des feuilles vertes teintées de pourpre ou vertes panachées de crème ou de jaune.

Floraison : fleurs de couleur crème, jaune, orange, saumon, rouge ou pourpre, selon les espèces et les cultivars.

Hauteur : 20 cm à 3 m (8 po à 10 pi) selon les espèces et les cultivars.

Longueur (cultivars retombants) : jusqu'à 60 cm (24 po).

Exposition : soleil, mi-ombre.

Sol (contenants) : terreau composé de trois quarts de substrat spécialement conçu pour les contenants et d'un quart de compost. Ajoutez de la perlite grossière afin d'assurer un bon drainage.

Sol (pleine terre) : terre à jardin brune légèrement sableuse, bien drainée.

Rusticité : dépérissent lors de la première gelée automnale.

Utilisation : en contenants et en pleine terre.

Culture : laissez sécher le sol entre deux arrosages. Évitez de cultiver en sol trop riche et fertilisez peu. Les capucines grimpantes, comme *T. peregrinum*, nécessitent un terreau plus riche et toujours frais.

Cultivars proposés :
T. 'Red Wonder', p. 82-83.
T. 'Strawberries and Cream', p. 42.

Torenia 'Summer Wave Blue'.

Tropaeolum 'Strawberries and Cream' et *Morus alba* 'Pendula'.

Tradescantia pallida 'Purple Heart'.

Verbena bonariensis et Canna 'Saladin'.

Viola 'Blackjack'.

Verbena
verveine

Famille : verbénacées.

Type : plantes herbacées annuelles ou vivaces tendres traitées comme des annuelles (plusieurs cultivars sont retombants).

Floraison : fleurs réunies en épis ou en corymbes. Les fleurs des diverses espèces et variétés possèdent presque toutes les couleurs du spectre.

Hauteur : 20 cm à 1,8 m (8 po à 6 pi) selon les espèces et les cultivars.

Longueur (cultivars retombants) : jusqu'à 60 cm (24 po).

Exposition : soleil, mi-ombre.

Sol (contenants) : terreau composé de deux tiers de substrat spécialement conçu pour les contenants et d'un tiers de compost, frais. Ajoutez de la perlite grossière afin d'assurer un bon drainage.

Sol (pleine terre) : terre à jardin brune amendée d'un peu de compost, fraîche et bien drainée.

Rusticité : jusqu'à -5 °C.

Utilisation : en contenants et en pleine terre.

Culture : lors de la plantation, taillez ces plantes de moitié afin d'obtenir plus de tiges et de fleurs. En pleine terre, la plupart des espèces et des cultivars de verveines s'adaptent à diverses situations et tolèrent une sécheresse passagère. Toutefois, lorsqu'elles sont cultivées en pots, ces plantes apprécient que leurs racines plongent dans un sol ombragé et frais. Dans les contenants, disposez-les vers le centre, afin que leur base soit recouverte par le feuillage des autres plantes. Éliminez régulièrement les fleurs fanées.

Espèce et cultivars proposés :
V. bonariensis, p. 119, 156.
V. 'Peaches'n Cream', p. 146, 152, 156.
V. 'Quartz Burgundy', p. 78.
V. rigida 'Polaris', p. 150.
V. 'Temari Burgundy', p. 7, 102-103.
V. 'Temari Violet', p. 74-75, 80-81, 88-89, 194.

Viola
pensée et violette

Famille : violacées.

Type : plantes herbacées annuelles, bisannuelles ou vivaces traitées comme des annuelles.

Floraison : les fleurs très caractéristiques des divers cultivars possèdent toutes les couleurs du spectre sauf le rouge pur.

Hauteur : 15 cm à 30 cm (6 po à 12 po).

Exposition : soleil, mi-ombre (certains cultivars poussent également bien à l'ombre légère).

Sol (contenants) : terreau riche composé d'une moitié de substrat spécialement conçu pour les contenants et d'une moitié de compost, frais.

Sol (pleine terre) : terre à jardin brune amendée d'un peu de compost, fraîche.

Rusticité : quelques cultivars peuvent survivre à l'hiver sous un bon couvert de neige, mais la plupart dépérissent lorsque la température atteint environ -10 °C. Les semences passent facilement l'hiver sous la neige, germant au printemps suivant.

Utilisation : en contenants et en pleine terre.

Culture : les pensées et les violettes peuvent être plantées à l'extérieur bien avant que les risques de gel soient définitivement écartés. La floraison de la plupart des cultivars diminue durant les chauds mois de juillet et d'août. Éliminez les fleurs fanées afin de prolonger la floraison jusque tard en octobre et même parfois en novembre.

Cultivar proposé : *V.* 'Purple Rain', p. 78.

Zantedeschia
calla

Famille : aracées.

Type : plantes herbacées vivaces, traitées comme des annuelles (dont on peut rentrer les rhizomes à l'intérieur durant l'hiver).

Feuillage : chez certains cultivars, les feuilles, qui ont la forme de flèches ou de cœurs, sont vertes maculées de blanc.

Floraison : minuscules fleurs regroupées autour d'un axe charnu, lui-même entouré d'une spathe de couleur blanche, crème, jaune, orange, rose, rouge, pourpre ou verte, selon les cultivars.

Hauteur : 40 cm à 90 cm (16 po à 36 po) selon les cultivars.

Exposition : mi-ombre, ombre légère (plusieurs cultivars poussent également bien au soleil à condition que le sol soit toujours humide).

Sol (contenants) : terreau riche composé d'une partie de substrat spécialement conçu pour les contenants et d'une partie de compost, humide.

Sol (pleine terre) : terre riche, légère et humide.

Rusticité : dépérissent dès la première gelée automnale.

Utilisation : en contenants et en pleine terre.

Culture : cultivés en contenants, les callas demandent une fertilisation et des arrosages très fréquents et constants. En octobre, lorsque vos callas ont subi la première gelée, sortez les rhizomes du sol ou des contenants, enlevez la terre qui les recouvre et laissez-les sécher quelques jours à l'abri du soleil. Gardez-les durant l'hiver dans de la tourbe de sphaigne à peine fraîche, dans un endroit hors d'atteinte du gel où la température avoisine 7 °C. Chaque mois, vérifiez l'état de vos tubercules. Aspergez d'un peu d'eau ceux qui sont ratatinés et appliquez du soufre en poudre sur ceux qui commencent à pourrir. En mars, plantez-les dans des contenants — les rhizomes doivent être recouverts de 4 cm (1 ½ po) de terreau — à l'intérieur de la maison sous éclairage artificiel ou dans une pièce orientée vers le sud. Plantez ensuite vos callas à l'extérieur lorsque tout risque de gel est écarté, vers la fin de mai.

Zinnia
zinnia

Famille : composées.

Type : plantes herbacées annuelles.

Floraison : fleurs simples ou doubles, de couleur blanche, crème, jaune, orange, rose ou rouge, selon les cultivars.

Hauteur : 20 cm à 90 cm (8 po à 36 po) selon les cultivars.

Exposition : soleil.

Sol (contenants) : terreau composé de deux tiers de substrat spécialement conçu pour les contenants et d'un tiers de compost. Ajoutez de la perlite grossière afin d'assurer un bon drainage.

Sol (pleine terre) : terre à jardin brune amendée d'un peu de compost et bien drainée.

Rusticité : dépérissent dès la première gelée automnale.

Utilisation : en contenants et en pleine terre.

Culture : les zinnias sont des plantes qui s'adaptent à différentes situations et qui tolèrent une certaine sécheresse. Ne mouillez pas le feuillage afin d'éviter l'apparition de maladies fongiques. Éliminez régulièrement les fleurs fanées.

Cultivars proposés :

Z. angustifolia 'Crystal White', p. 98, 154.

Z. elegans 'Short Stuff Red', p. 126.

Z. 'Profusion Orange', p. 22, 59, 84-85, 103, 147.

Zantedeschia aethiopica 'Crowborough'.

Zinnia angustifolia 'Crystal White'.

Zinnia 'Profusion Cherry'.

Index

Bibliographie

Ouvrages, documents et articles consultés

ARDLE, Jon. « Portable borders », *The Garden*, vol. 122, n⁰ 8, août 1997, p. 580-582.

BAGUST, Harold. *The gardener's dictionary of horticultural terms*, Londres, Cassell Publishers, 1992.

BÄRTELS, Andreas. *Guide des plantes tropicales*, édition en langue française, Paris, Éditions Eugen Ulmer, 1994.

BILLINGTON, Jill. *Using foliage plants in the garden*, Londres, Ward Lock, 1994.

BUCHAN, Ursula. « Sweet smell of success », *The Garden*, vol. 124, n⁰ 2, février 1999, p. 86-89.

CARR, Anna, et autres. *Rodale's chemical-free yard and garden*, Emmaus, Rodale Press, 1991.

COMBES, Allen. *Dictionary of plant names*, Portland, Timber Press, 1985.

CONDER, Susan. *Variegated leaves*, New York, Macmillan Publishing Company, 1993.

COOKE, Ian. « Psychedelic Wonders », *The Garden*, vol. 124, n⁰ 5, mai 1999, p. 364-369.

COX, Jeff. *Plant marriages*, New York, HarperCollins Publishers, 1993.

DRUSE, Ken. *The natural shade garden*, New York, Clarkson Potter Publishers, 1992.

DUNNETT, Nigel. « Flowery feast », *The Garden*, vol. 123, n⁰ 1, janvier 1998, p. 46-49.

GOULDING, Edwin. *Fuchsias The complete guide*, Portland, Timber Press, 1995.

GREY-WILSON, Christopher. « Impetuous balsams », *The Garden*, vol. 122, n⁰ 8, août 1997, p. 583-587.

Griffiths, Mark. *Index of garden plants*, Portland, Timber Press, 1994.

HALSTEAD, Andrew. « On the slime trail », *The Garden*, vol. 124, n⁰ 4, avril 1999, p. 270-273.

HARRIS, Marjorie. « Coleus », *Gardening Life*, vol. 3, n⁰ 3, été 1999, p. 28-29.

HILLIER, Malcom. *Fleurs et plantes au fil des saisons*, édition en langue française, Montréal, Les Éditions Hurtubise HMH, 1995.

HOBHOUSE, Penelope. *Colour in your garden*, Londres, Collins, 1985.

HOBHOUSE, Penelope. *On gardening*, New York, Macmillan Publishing Company, 1994.

JEKYLL, Gertrude. *Colour schemes for the flower garden*, Londres, Frances Lincoln, 1992.

JESIOLOWSKI, Jill. « How and when to water », *Organic Gardening*, vol. 39, n⁰ 4, avril 1992, p. 38-40.

KEEN, Mary. *Gardening with color*, New York, Random House, 1991.

KEOUGH, Carol. « Not the same old *Salvia* », *Organic Flower Gardening*, vol. 2, n⁰ 1, printemps 1995, p. 76-80.

KELLY, John. *Foliage in your garden*, New York, Penguin Books, 1988.

LAMOUREUX, Gisèle, et autres. *Plantes sauvages des villes et des champs*, vol. 1, Saint-Henri-de-Lévis, Fleurbec auteur et éditeur, 1978.

LAMOUREUX, Gisèle, et autres. *Plantes sauvages des villes, des champs et en bordure des chemins*, vol. 2, Saint-Augustin, Fleurbec auteur et éditeur, 1983.

LAWSON, Andrew. *The gardener's book of colour*, Londres, Frances Lincoln, 1996.

LIBERTY HYDE BAILEY HORTORIUM, personnel du. *Hortus Third*, Ithaca, Cornell University Press, 1976.

LLOYD, Christopher. « Tender *Salvia* », *The Garden*, vol. 122, n⁰ 4, avril 1997, p. 247-251.

MARIE-VICTORIN, Frère. *Flore Laurentienne*, 3e édition, Montréal, Les Presses de l'Université de Montréal, 1995.

MASON HOGUE, Marjorie. *Amazing annuals*, Willowdale, Firefly Books, 1999.

MATTERN, Vicki. « The OG guide to organic fertilizers », *Organic Gardening*, vol. 43, n⁰ 5, mai-juin 1996, p. 55-59.

MIOULANE, Patrick, et autres. *Encyclopédie Truffaut des balcons, fenêtres et terrasses*, Paris, Bordas, 1998.

MONDOR, Albert. *Jardins d'ombre et de lumière*, Montréal, Les Éditions de l'Homme, 1999.

PEDNEAULT, André. « L'utilisation du compost en horticulture ornementale », *Québec Vert*, vol. 16, n⁰ 10, octobre 1994, p. 6-20.

PEDNEAULT, André. « L'utilité des extraits d'algues », *Québec Vert*, vol. 16, n⁰ 4, avril 1994, p. 48-50.

PEDNEAULT, André. « Os fossiles ou os moulus ? », *Québec Vert*, vol. 16, n⁰ 6, juin 1994, p. 47-48.

PICKERING, Jonathan. « An alternative to peat ? », *The Garden*, vol. 122, n⁰ 6, juin 1997, p. 428-429.

PLEASANT, Barbara. « 16 frost-fighting flowers », *Organic Flower Gardening*, vol. 2, n⁰ 1, printemps 1995, p. 42-46.

PONCAVAGE, Joanna. « Beneficial borders », *Organic Flower Gardening*, vol. 2, n⁰ 1, printemps 1995, p. 82-85.

RENAUD, Michel. « L'utilisation du compost en horticulture ornementale », *Québec Vert*, vol. 16, n⁰ 10, octobre 1994, p. 28-36.

RICE, Graham. *Discovering annuals*, Portland, Timber Press, 1999.

RICE, Graham. « Petunias : a garden paradigm », *The Garden*, vol. 122, n⁰ 6, juin 1997, p. 390-393.

RICE, Graham. « Pride or prejudice ? », *The Garden*, vol. 124, n⁰ 3, mars 1999, p. 164-167.

ROTH, Susan. *The four-season landscape*, Emmaus, Rodale Press, 1994.

SEARCH, Gay. *Gardening without a garden*, Londres, Dorling Kindersley, 1997.

SEGALL, Barbara. « A taste of the mediterranean », *The Garden*, vol. 122, n⁰ 4, avril 1997, p. 264-267.

SHAW, Julian M.H. « Nomenclatural notes on Brugmansia », *The New Plantsman*, vol. 6, n⁰ 3, septembre 1999, p. 148-151.

SOLTNER, Dominic. *Les bases de la production végétale*, 18e édition, Sainte-Gemme-sur-Loire, Sciences et techniques agricoles, 1990.

STEBBINGS, Geoff. « Lasting associations », *The Garden*, vol. 124, n⁰ 9, septembre 1999, p. 656-659.

SUTTON, John. *The gardener's guide to growing salvias*, Portland, Timber Press, 1999.

TARLING, Thomasina. *Les jardins en pots*, édition en langue française, Paris, Éditions Hatier, 1993.

TICKNER, Arthur. « Forgotten fuchsias », *The Garden*, vol. 123, n⁰ 7, juillet 1998, p. 489-493.

TOOGOOD, Alan. « Tall stories », *The Garden*, vol. 123, n⁰ 4, avril 1998, p. 256-259.

VAILLANCOURT, Hélène et DESCHÊNES, Gaétan. *Jardins de fleurs en pots*, Québec, Spécialités terre à terre, 1999.

WILLIAMS, Paul. « Contained excitement », *The Garden*, vol. 124, n⁰ 5, mai 1999, p. 332-335.

WILLIAMS, Paul. *Creative containers*, Londres, Conran Octopus, 1997.

Table des matières

Ce livre a été produit grâce au système d'imagerie au laser
des Éditions de l'Homme, lequel comprend :

Les ordinateurs Apple inc.

Le serveur Intergraph distibué par Aldin graphiques inc.

Un digitaliseur Scitex Smart TM 720.

Lithographié sur papier Jenson 160 M
et achevé d'imprimer au Canada
sur les presses de l'imprimerie Interglobe.